LOUISE HAY

루이스 헤이 철학의
핵심 25가지
긍정 말투 확언

루이스 헤이의
말씨 공부

루이스 L. 헤이 지음

엄남미 엮음

K
MIRACLE
MORNING
KWM PUBLISHER

루이스 헤이 철학의 핵심 25가지
긍정 말투 확언

루이스 헤이의 말씨 공부

K*
MIRACLE
MORNING
KMM PUBLISHER

목차

루이스 헤이 철학의 핵심 25가지
긍정 말투 확언

서문

루이스헤이 책을 한국에 소개한 지가 벌써 15년이 넘었다. 그 시간 동안 긍정 확언을 심었고, 씨앗은 자라나서 나무가 되었다. 처음 루이스 헤이 긍정 확언 말투 철학을 소개할 때는 과연 어떻게 이 확언이 이루어질지 의심했다. 하지만, 루이스 헤이는 전 세계 5,000만 독자들의 삶을 바꾸었다. 긍정이 확실히 꽃을 피우고, 열매를 맺는다는 것을 직감으로 느꼈다.

묵묵히 그녀가 하라는 대로 확언을 한 결과, 어떤 순간에도 긍정으로 마음의 중심을 잡는 것을 놓치지 않는다. 팽이는 빨리 돌아가지만, 중심축이 있어서 언제나 균형을 잡는다. 그러나 힘을 가해줘야 계속 도는 데 그 힘이 긍정 확언이다. 삶의 중심과 균형이 흐트러질 때는 언제나 마음속에 부정 확언 말투가 올라온다. 그것을 중화시키는 것이 긍정 확언 말투다.

이 책은 루이스 헤이 전문가인 엮은이가 고른 루이스 헤이의 핵심 철학 중에 가장 중요한 확언들이 들어있다. 한국에 루이스 헤이 사상과 철학을 전하고자 하는 엄남미, 루이스 헤이 번역가이자 출판사 대표가 감동한 루이스 헤이의 인류의 보석처럼 빛나는 치유의 명문들을 엄선했다. 아침에 명상하거나 긍정 확언 말투를 잠재의식에 완전히 각인시키길 원하는 독자들을 위해 기획했다. 루이스 헤이의 주옥같은 치유 메시지를 읽고 쓰다 보면 독자들도 어떤 상황에서도 긍정 확언 말투가 나오는 것을 느끼게 될 것이다.

토마토 씨앗을 심으면 처음에는 아무것도 보이지 않는다. 그러나 시간이 지나면서 햇빛과 바람과 물과 땅의 기온, 영양분을 흠뻑 받아서 나온 노란 토마토꽃이 피고 그 꽃이 바로 열매가 되어 무수한 토마토 열매를 맺는다. 긍정 확언 말투도 마찬가지다. 말이 창조의 비밀인 것처럼, 우리가 심은 긍정 확언 말투의 씨앗은 반드시 시간이 지나면 그대로 꽃이 피고 열매가 나올 것이다.

루이스 헤이는 언제나 긍정 확언을 읽고, 소리 내어 거울 속의 자신 눈을 보면서 하나씩 정성 들여 말했다. 그리고 하루 중 어느 때라도 반드시 긍정 확언을 종이에 썼다. 쓰는 이유는 잠재의식에 완전히 프로그램으로 입력시키기 위함이다. 잠재의식은 반복할 때 더 잘 바뀐다. 확언을 여러 번 종이에 쓰는 행위는 여러분의 삶을 바꾸는 강력한 도구가 될 것이다. 이 책을 읽고, 소리 내어 외치고, 필사하는 동안에 언제나 루이스 헤이가 여러분 곁에서 응원하고 있다는 사실을 기억하길 바란다.

- 엮은이 엄남미 -

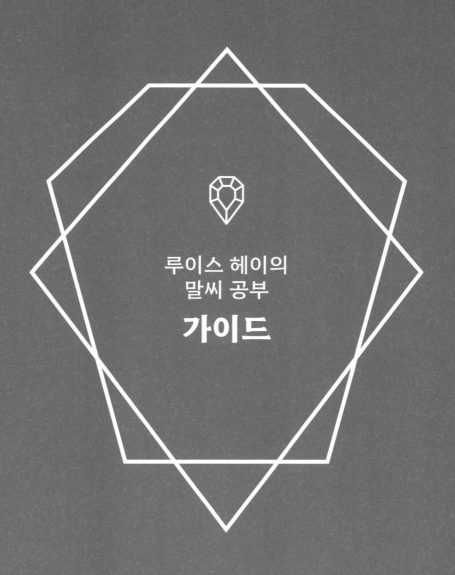

루이스 헤이의
말씨 공부
가이드

PART 1

긍정 말투 확언 소개

    긍정 확언의 세계에 온 여러분을 환영한다. 이 책에 있는 대로 긍정 확언을 일상에 적용하고, 매일 부정적인 생각을 할 때마다 알아차리면, 여러분의 삶은 놀랍게 바뀔 것이다. 이 책에 제시된 긍정 확언을 매일 사용하고, 필사하고, 15번씩 매일 아침과 저녁에 자기 전에 읊조리면 놀라운 기적이 일어난다. 여러분의 삶은 반드시 치유될 것이다. 오늘부터 긍정 확언을 사용하기로 결심한다면 지금의 삶은 반드시 더 좋게 치유될 수 있다. 왜냐하면 이제부터는 생각을 의식적으로 선택하는 치유하는 삶을 살아갈 것이기 때문이다. 그리고 삶의 길을 여행하면서 계속 긍정적인 변화를 이룰 것이다. 앞으로 모든 일이 순탄하게 술술 풀릴 것이다.

긍정적인 변화를 위한 때를 더 이상 미루지 말라. 지금이 바로 그때이다. 지금 바로 변화할 수 있다. 생각을 자유자재로 통제할 수 있는 때는 바로 지금이다. 지금보다 더 좋은 때는 없다. 이 책에서 제시하는 긍정 확언을 쓰고, 따라 읽고, 말한다면, 세계의 많은 다른 독자들이 경험한 것처럼 지금 이 책을 읽고 있는 여러분도 삶을 더 행복하게 바꿀 수 있다.

긍정 확언을 하는 것은 어려운 작업이 아니다. 오래된 부정적 신념은 마음속 무거운 짐이다. 이제 이 짐을 바로 놓을 수 있다. 부정적인 생각의 짐은 어깨에 통증을 일으킨다. 이제는 이 무거운 짐을 가볍게 내려놓는 작업을 할 것이다. 부정적인 신념은 아무것도 없는 공간 속에서 왔다. 아무것도 없는 무(無)의 공간에서 왔기에 그 생각을 아무것도 없었던 공(空)의 상태에다 내던질 수 있다. 부정적인 생각을 몽땅 원래의 자리로 가게 할 수 있다. 아무것도 없는 공간에서 부정적인 생각이 왔다면 다시 아무것도 없는 텅 빈 곳으로 놓아주면 생활의 모든 것이 가볍다. 놓아준 순간, 모든 것이 새롭게 시작될 것이다. 그 작업을 할 수 있다면 여러분은 정말 기쁘고 행복할 것이다. 매 순간 '이렇게 행복할 수 있나'를 외칠 정도이다.

지금의 삶에 대해 부정적으로 생각하고 있는가? 이제껏 자신 삶에 대해 부정적인 생각으로 고통받으면서 생각을 믿었겠지만, 그것은 진실이 아니다. 어릴 때 우리는 너무나 많이 주변 사람들로부터 부정적인 이야기를 많이 들었다. 그리고 그것들이 다 진실인 줄 알았다. 이제는 좀 달라질 것이다. 우리가 믿었던 생각들이 사실인지 스스로 판단할 수 있게 될 것이다. 부정적인 생각을 계속 믿을지 아니면 놓아버릴지 올바른 선택을 하게 될 것이다. 새로운 선택이 우리에게 스스로 돕게 하고 기쁘고 성취감 가득한 삶을 살도록 할 것이다. 우리는 부정적인 생각을 지금 바로 놓아버릴 수 있다.

'자신 삶'이라는 정원에 잡초를 뽑고 새로운 씨앗을 심자. 새로운 생각의 씨앗은 새로운 열매를 수확하게 할 것이다. 새로운 생각과 아이디어와 영감은 아름다운 열매를 맺는다. 새로운 말의 씨앗이 스스로 자양분을 주어 풍요로운 삶을 누리게 할 것이다. 삶은 여러분을 사랑한다. 인생을 통해 수많은 좋은 것들을 누리도록 삶은 항상 기다리고 있다. 이제 이 책을 읽고 매일 긍정 확언을 실천한다면, 마음의 평화, 내면의 기쁨과 자신감, 자기 가치와 자기 사랑의 풍요로움을 온전히 누리게 될 것이다.

앞으로 여러분은 주변 사람들과 항상 편안한 관계를 맺게 될 것이다. 기분 좋은 감정을 느끼는 횟수가 늘어나며 항상 기분 좋은 감정을 느낄 것이다. 생활에 풍요로움이 더욱더 더해질 것이다. 이 책에 있는 대로 새로운 긍정 말투의 씨앗을 심는다면 반드시 풍요로운 수확을 할 것이다. 삶이라는 새로운 정원에 긍정 확언의 씨앗을 심는 방법을 지속해서 가르쳐줄 것이다. 이 작업을 통해 삶의 모든 영역에서 긍정 말투 씨앗에 영양분을 주게 될 것이다. 그리고 그 긍정 말투 씨앗을 심은 보상으로 아름다운 꽃과 열매를 거두게 될 것이다.

PART 2

긍정 말투 확언이란?

긍정 말투 확언이란 단어에 익숙하지 않은 독자들을 위해 잠시 설명하겠다. 한 번이라도 확언해보지 않은 분들도 있을 것이다. 긍정 말투 확언의 정의를 먼저 설명하고 확언이 어떤 효과가 있는지 알려드리고자 한다. 아주 간단히 말해서 확언이란 여러분이 말하거나 생각하는 모든 것이다. 보통 많은 사람이 생각하고 말하는 것들이 부정적일 때가 많다. 부정적인 말과 생각은 좋은 경험을 만들어내지 못한다. 만약 삶을 치유하고 싶다면 지금 하는 생각과 말을 긍정적인 말투의 패턴으로 바꾸는 훈련을 해야 한다.

확언은 부정적인 생각과 말을 긍정적으로 바꾸는 자유의 문이 될 것이다. 확언은 변화의 시작이다. 긍정 말투는 잠재의식에 강하게 침투한다. 말 공부의 본질은 우리의 잠재의식으로 곧바로 들어가기 때문에 확언이 제일 효과가 있는 것이다. 확언할 때 여러분은 잠재의식에 이렇게 명령을 내리게 된다.

"나는 지금 내 생각과 말에 책임을 지고 있어."

"나는 내가 변화하기 위해 뭔가 할 수 있다는 것을 인식하고 있어."

"난 알아 내가 깊이 변화할 수 있다는 것을……."

'확언'을 한다고 말할 때는 이런 의미가 있다는 것을 알았으면 한다. 삶에서 뭔가 원치 않는 것을 제거하거나, 새로운 경험을 창조하기 위한 단어를 의식적으로 선택하는 것이 확언이다.

모든 생각과 말은 확언이다. 혼잣말도 모두 확언의 연장선이다. 의식을 하고 있건 안 하고 있건 간에 확언을 사용하는 중이다. 여러분은 모든 생각과 말로 삶의 경험을 단언하여 창조하고 있다.

지금 가지고 있는 신념은 어렸을 때 배웠던 습관적 생각의 유형일 뿐이다. 그중 많은 생각들이 여러분을 지금 움직이게 하고 행동하게 만든다. 반면, 또 다른 생각들은 행동을 제한한다. 자신이 바라는 것을 적극적으로 이야기할 수 있는데도 내면의 굳어진 신념 때문에 주저하는 경우가 많다. 생각을 주의 깊게 살펴볼 필요가 있다. 삶에서 원하지 않는 경험을 창조해 내는 생각을 의식 속에서 지우기 위해서라도 지금부터 하는 생각을 꼭 의식하기를 바란다.

불평이 얼마나 좋지 않은 확언인지를 꼭 알아차리기를 바란다. 화를 낼 때마다 삶에서 화가 더 많이 생기기를 확언하는 것이다. 삶에서 자신이 '누구 때문에 이렇게 되었다'라는 피해자 의식이 있다면 피해자처럼 느끼기를 계속 확언하고 있는 격이다. 만약 여러분이 삶에 대해 생각할 때 "바라는 어떤 것도 내 인생에 들어오지 않아."라고 확언하면 삶이 다른 사람들에게는 주는 좋은 것을 못 받을 것이다. 즉, 바꾸어 말하면 생각하는 방식과 말하는 방식을 바꾸지 않는 한, 인생이 제공하는 좋은 것을 못 받을 것이다. 그러니 생각과 말을 긍정으로 바꾸도록 노력했으면 한다.

지금 하는 생각 때문에 여러분이 나쁜 사람이라는 말은 아니다. 생각하고 말하는 방법에 대해 배운 적이 없으므로, 몰라서 좋은 경험을 창조하지 못하고 있다. 세계적으로 사람들의 의식이 깨어나고 있어 생각이 경험을 창조한다는 것을 알아가고 있다. 부모님 세대들은 몰랐을 수 있다. 그래서 어린 시절에 봤던 부모님도 생각하는 법과 말하는 방법을 잠재의식에 각인시키지 못했다.

지금 삶을 바라보는 방식은 부모님도 그들의 부모님, 즉 우리들의 조부모님으로부터 전해졌다. 우리 부모님은 조부모님으로부터 생각하는 법과 말하는 방법을 배우지 못했다. 그래서 생각과 말을 긍정 말투로 바꾸지 못한 것일 수 있다. 생각과 말이 조상 대대로 비슷하게 전해졌다. 그 누구도 잘못한 것이 없다. 모두 다 몰랐을 뿐이다. 그러나 이제는 의식적으로 깨어 있어야 할 때다. 지금, 이 순간 의식적으로 삶을 기쁘고 즐겁게 해주는 긍정 말투 확언을 사용하자. 서로를 사랑하고 응원해주고 지지해주는 방식으로 삶을 창조할 때다. 여러분은 할 수 있다. 나도 할 수 있다. 우리는 모두 의식을 긍정적인 말투로 바꿀 수 있다.

자, 이제 함께 그 작업을 해 보자!

이 책 전체를 통해 특정 주제에 관해서 이야기할 것이다. 삶에서 가장 중요한 부분을 차지하는 용서, 건강, 가족, 직업, 돈과 풍요, 관계, 사랑, 봉사에 관하여 다룰 것이다. 이 주제들에 관한 긍정 말투 필사해봄으로써 삶의 중요한 부분의 영역들을 긍정적으로 치유할 수 있다. 확언에 대해 잘 모르는 사람은 이렇게 이야기한다.

"확언 같은 건 필요 없어. 그런 걸로 다 부자 되고 긍정적으로 되면 누구나 부자가 될 수 있겠다."

(이 자체가 아주 큰 확언이기 때문에 이렇게 말하는 사람에게는 긍정 말투 확언이 잠재의식에 들어가지 않는다. 생각하는 방식과 말하는 방식을 깨닫기 전까지는 계속 결핍 상태로 살게 될 것이다.)

이런 말을 하는 사람들은 책을 읽거나 확언에 대해서 세미나에서 들어서 이렇게 말투를 바꾼다. "부가 늘어나고 있다." 하지만 한 번 정도 말해보고, "말도 안 돼. 이런 시간 낭비가 있나. 이런 걸 왜 해?"라고 말하면 어떻게 될까? 잠재의식은 반복 연습을 했을 때 효과가 나타난다. 변화하기 위해선 시간이 필요하고 반복이 필요한데 한 번 한다고 해서 뭔가 결과가 나기를 바라면 어떤 이치일

까? 바로 씨를 심어 나무가 되기를 기대하는 것과 같다. 긍정 확언과 부정 확언 중에 어느 말투가 이길까?

부정 말투 확언이 물론 이긴다. 우리의 잠재의식은 오래된 습관적 유형이라서 삶을 바라보는 방식이 부정적이라면 시간이 좀 더 걸린다. 더 많은 반복 연습이 필요하기 때문이다. 부정적인 감정에서 빠져나오기 위해서는 긍정 말투가 몸에 밸 때까지 반복해야 한다. 긍정 확언의 중요성을 아는 사람들도 확언을 몇 번 혹은 하루에 한 번만 하고서는 24시간 중에 몇 초만 제외하고 나머지 시간에는 불평해 버린다. 이런 식으로 감정이 많은 시간 부정적으로 흐른다면, 긍정 말투 확언이 이루어지는 데 시간이 걸린다.

이런 식으로 한다면 확언의 씨앗이 열매를 맺기까지는 시간이 오래 걸린다. 불평하는 확언이 언제나 이기게 되어 있다. 왜냐하면 부정적인 에너지는 거기에서 나오는 느낌의 파장이 너무나도 강하기 때문이다. 끌어당김의 법칙에서 감정이 모든 것을 끌어당긴다고 했다. 만약 시간 대부분을 부정적인 말투로 내면의 감정을 채운다면 삶의 많은 부분이 어렵고, 어둡고, 힘들고, 막힐 것이다.

그러나 확언을 하는 것은 하나의 과정이다. 확언하고 난 다음의 시간이 중요하다. 낮과 밤에 어떤 감정으로 지내느냐가 더욱더 중요하다. 확언이 빠르게 꾸준히 효과가 나기 위해서는 확언이 자라날 환경을 준비시킬 필요가 있다. 확언은 토양에 심은 씨앗과 같다. 땅이 좋으면 씨가 아주 잘 자란다. 기분 좋아지는 생각을 더 많이 할수록, 확언이 실현되는 속도도 빠르다.

그러니 지금 행복한 생각을 하자. 아주 간단하다. 생각하는 방식을 바꿀 선택권이 여러분에게 있다. 삶은 하룻밤에 바뀌지 않는다. 하지만 만약 꾸준히 매일 기분 좋은 생각을 하기로 선택한다면 반드시 삶의 모든 영역에서 긍정적인 변화를 이루어낼 수 있다.

긍정 확언은 우리 삶에 만능열쇠가 될 수 있다. 변화를 위해 가장 먼저 시작해야 할 일은 긍정 확언이다. 긍정 확언을 통해 잠재의식에 이렇게 명령하게 된다.

"나는 지금 내 삶에 책임을 지고 있다. 나는 알고 있다. 내가 변화하기 위해서 긍정 확언하면 삶이 크게 바뀐다는 것을……."

긍정 확언을 한다는 것은 자신 삶에서 무언가를 떠나보내거나 내려놓고, 새로운 좋은 경험을 받아들인다는 것을 의미한다. 새로운 경험을 창조하기 위해서는 과거에 일어난 일을 용서하고 보내주고, 새로운 것이 들어오도록 여백을 마련해야 한다. 과거의 쓰레기로 마음을 꽉 채우면 새로운 경험이 들어올 틈이 없다. 과거 쓰레기를 청소하는 것이 맑은 물을 계속 부어주는 긍정 확언이다.

긍정 확언은 매 순간 내면에서 하는 대화를 알아차리게 해준다. 속으로 하는 말이나 대화는 무척 중요하다. 감정이 실려 있으므로 외부 세계에서 창조하는 속도가 빠르다. 의식하고 있든 안 의식하든 우리는 매 순간 생각과 말로 우리의 경험을 창조한다. 긍정적으로 표현하지 않고 부정적인 말로 표현할 때는 기분이 안 좋다는 것을 알 수 있다. 이때 기분이 좋지 않을 때 바로 속으로 하는 내면의 대화를 바꿔야 할 때다. 이것이 바로 긍정 확언 알아차림이다.

긍정 확언 만들기

우리가 확언한다고 말할 때는 미래에 긍정적인 영향력을 미칠 특정한 생각을 선택하는 걸 의미한다. 자신이 바라는 미래가 될 수 있도록 생각을 의식하는 것이다. 확실하게 언어로 선포하는 것은 현실을 뛰어넘어 지금, 이 순간에 미래를 창조하게 된다.

"나는 번성한다."

이 말을 할 때 당시에는 은행에 돈이 많지 않을 수 있다. 하지만 긍정 확언은 미래에 번영과 풍요를 위해 긍정 씨앗을 심는 것이다. 이 확언을 반복할 때마다 마음속에 심은 씨앗을 더 잘 자라게 하는 마음 밭이 더 풍성하게 열매를 맺을 준비가 되는 중이다. 뿌리가 마음 밭에 더욱더 단단하게 뻗는다. 풍요의식을 심게 되어 때가 되면 놀라운 수확을 하게 될 것이다. 계속 심으면 심을수록 더 비옥해지니 일상을 되도록 행복한 마음 밭으로 가꾸기를 바란다. 되도록 생각을 기쁜 것에 고정하라. 비옥하고 풍부한 토양에서는 씨앗이 더 잘 자란다.

확언할 때 현재 시세로 사용하는 것이 중요하다. 영어에서 말하는 아포스트로피(apostrophe)도 되도록 사용하지 않는 것이 좋다. 이 책에서 저는 축약형을 쓰지만, 확언을 쓸 때는 축약형으로 쓰지 않고 원어로 쓴다. 확언의 힘을 줄이고 싶지 않기 때문에 그렇게 한다. 예를 들어 전형적인 확언 문구는 다음과 같다.

"나는 ~을/를 가지고 있다."

"나는 ~이다. 나는 ~하다."

만약 이 확언을 다음과 같이 바꾼다면 미래에 씨앗을 심기에 랑데부 포인트(Rendezvous Point, 지정 집결지점)가 언제 나타날 줄 모른다.

"나는 ~을/를 가지게 될 거야."

"나는 미래에 ~을 소유하게 될 거야."

이렇게 확언하면 생각의 시점이 미래의 알 수도 없는 먼 영역으로 사라진다. 시간이 오래 걸릴 것이다. 우주는 그 생각과 말을 액면 그대로 복사하여 원한다고 바라는 것을 그대로 가져다준다. 항상 그렇다. 이런 이유로 행복한 정신의 환경을 유지해야 한다. 기분이 좋다고 느껴질 때는 확언을 하기가 더 쉽다. 긍정 확언이 잠재의식에 잘 새겨지는 때는 아침에 일어나자마자, 잠들기 바로 직전이다.

이런 식으로 생각해 보자. 지금 하는 모든 생각과 말은 다 중요하다. 그러니 절대 이 중요한 생각을 무의미하게 낭비하지 않았으면 한다. 모든 긍정적인 생각은 여러분의 삶에서 좋은 것들을 많이 가져다준다. 마찬가지로 모든 부정적인 생각은 좋은 것이 들어오는 것을 막는다. 손안에서 통제할 수 있는 것들을 떠나보내게 된다. 자신이 생각의 주인이니 스스로 어떤 생각을 선택할 것인지 잘 판단해보자.

삶에서 얼마나 많이 좋은 것들이 생겨났다가 사라졌는가. 마지막 순간에 이미 다 이룬 것들을 어디로 사라지게 했는지 살펴보길 바란다. 그 당시의 생각과 느낌, 감정을 잘 찾아보라. 그때 기분이 좋았는지 아니면 나빴는지는 기억할 수 있을 것이다. 만약 기분이 좋았다가 마지막에 나빴다면 안 좋은 게 왔을 것이다. 부정적인 생각을 너무 많이 하면 긍정 말투 확언에 방해가 된다.

제발 좀 "그만 아팠으면 좋겠어."라고 말한다면 좋은 건강을 끌어당기기 위한 적절한 확언을 한 것이 아니다. "아프다"라고 말하는 에너지에는 강한 초점과 말의 에너지가 자꾸 아픈 상황을 끌어오도록 유인한다. 진정으로 원하는 것이 무엇인지를 정확하고 명확하게 말해야 한다. 이렇게 바꾸면 어떨까?

"나는 지금 완벽한 건강을 받아들여."

지금 타는 자동차가 싫증이 나서 새것으로 바꾸고 싶을 때는 어떻게 확언해야 할까?

"이 자동차가 싫어." "이제는 이 차에 질렸어."라고 확언하는 것은 멋진 새 자동차를 여러분의 삶으로 끌려오지 않는다. 왜냐하면 "이 차가 계속 싫어."라고 확언을 했기 때문이다. 만약 새 차를 원한다면 이렇게 긍정 확언해보자.

"나는 내 모든 욕구를 모두 채워주는 멋진 새 차를 가지고 있어."

여러분은 어떤 사람이 이렇게 말하는 것을 들었을 것이다.

"삶이 지긋지긋해. 아유, 진짜 짜증이 나. 못 살겠어. 죽겠어. 등등 (이런 종류의 확언은 정말 끔찍한 경험을 자꾸 끌어당긴다) 그런 말을 계속 사용하면 어떤 경험이 계속 창조되어 나타날지 상상해 보길 바란다. 물론 삶은 지긋지긋하지도 않다. 단지 여러분의 생각이 지긋지긋한 것이다. 만약 삶이 끔찍하다고 느낀다면, 생각과 말을 긍정 말투로 바꾸기 전까지는 어떤 좋은 것도 들어오지 않을 것이다.

불편한 관계, 문제, 질병, 가난 등등 삶의 한계점들에 대해 논하느라 시간을 낭비하지 말자. 문제에 대해 더 많이 말하면 말할수록 그 자리에서 더 많은 문제를 또 낳는다. 삶에서 뭔가 잘못되는 것 같이 보이는 것에 대해 다른 사람들을 원망하지 말아야 한다. 모든 사람은 자신의 의식 법칙에 따라 행동할 뿐, 어떤 사람도 여러분에게 영향을 끼치지 못한다. 오직 생각의 결과로 특정한 경험을 끌어당길 뿐이다.

PART3
삶의 주요 영역 긍정 말투 확언

1. 용서

　용서는 많은 사람에게 어려운 영역이다. 우리는 모두 용서 작업을 할 필요가 있다. 자신을 사랑하는 데 어려움이 있는 사람들은 용서를 잘못한다. 용서하면 우리의 마음이 사랑으로 열린다. 우리 중 많은 사람이 오랫동안 원한을 마음에 품고 다닌다. 자신에게 잘못했다고 느끼는 사람들 때문에 스스로 정당화하고 합리화시키는 경향이 있다. 나는 이것을 '마음의 감옥에서 자기 정당화하기 분노'라고 부른다. 자신 생각만 옳다고 고집할 때 절대 행복해질 수 없다. 여러분이 이렇게 말하는 것이 들린다.

"그들이 나에게 무슨 행동을 했는지 당신은 모를 겁니다"

용서하지 않으려는 마음은 자신에게 끔찍한 일이다. 비통함이란 매일 독약을 한 스푼씩 떠서 먹고 삼키는 것과 같다. 독약은 계속 몸에 쌓여 여러분을 해칠 것이다. 과거 밧줄에 묶여, 단단한 줄을 풀려고 할 때 용서하지 않으려는 마음으로는 자유로워질 수 없을 것이다. 용서하지 않으면 건강과 자유로움을 얻는 건 불가능하다. 과거는 이미 끝났다. 이미 사라졌다. 여러분에게 잘못한 사람들은 적절치 않게 행동했다. 그러나 모든 것은 이미 지나간 일이다. 두 번째 화살을 자신에게 계속 꼽고 있을 것인가. 과거에 잘못한 사람들을 용서한다고 할 때 그들이 여러분에게 한 행동이 괜찮다고 용인하는 것처럼 생각되어 용서를 도리어 못할 수도 있다. 하지만 잘못을 저지른 사람의 행동을 용서하는 것이 아니라 그들을 여러분의 마음속에서 사라지게 하는 것이다.

우리의 가장 큰 정신적인 교훈 중 하나는 모든 사람이 주어진 모든 순간에 최선을 다하고 있다는 것을 이해하는 것이다. 사람들은 그들의 이해와 인식, 지식을 통해서 그렇게 행동했을 것이다. 변하지 않는 건, 누군가를 학대한 사람들은 그들 역시 어린 시절에 학대당했다는 사실이다. 폭력이 크면 클수록 내면의 고통이 더 커서 더 심하게 채찍질할 수도 있었을 것이다. 물론 그들의 행위가 용납되거나 용서될 수 있다는 것은 아니다. 그러나 우리의 영적 성장을 위해서는 그들의 고통을 우리가 자각해야 한다.

그 사건은 이미 끝났다. 아마도 오래전에 끝났을 것이다. 그냥 놔주라. 자신을 위해 놔주라. 감옥에서 나왔으면 좋겠다. 따뜻한 햇볕이 가득한 빛으로 걸어 나와야 지금, 현재를 살 수 있다. 만약 그 사건이 계속 마음에서 재생되고 있다면 스스로 물어보라. 왜 그렇게 자신을 쪼그라들게 만들어 여전히 고통을 참고 견디며 살고 있는지? 왜 여전히 과거에 머물러 있는지? '되갚아 주려고' 하지 말아야 한다. 그건 시간 낭비다. 복수는 별로 효과도 없고, 잘 먹히지도 않는다. 밖으로 내뿜는 것은 언제나 다시 자신에게로 돌아온다. 그러니 과거는 놓아버리자. 그 에너지로 차라리 지금의 자신을 사랑하는 작업을 계속하자. 그러면 여러분은 아주 멋진 미래를 만나게 될 것이다.

용서하기 가장 어려운 사람은 여러분에게 위대한 교훈을 주는 사람이다. 과거의 상황에서 나와서 충분히 자신을 사랑할 때 상대방을 이해하고 용서하기 쉬울 것이다. 자유로워질 것이다. 자유가 여러분을 위협하는가? 과거의 분노와 고통과 비참함 속에 자신을 가두어 놓는 것이 더 안전하다고 느껴지는가?

재미있는 현상이 있다. 그건 뭐냐면, 여러분이 용서 작업을 할 때, 상대방은 그 용서 작업에 반응한다는 것이다. 용서에 관련된 사람에게 직접 용서하고 있다고 말할 필요는 없다. 그러고 싶을 때가 있을 것이다. 용서에서 가장 중요한 작업은 여러분의 마음 안에서 일어난다. 용서는 '용서해야 하는 그들'을 위한 경우는 드물다. 용서 작업은 스스로 위한 것이다. 용서가 필요한 사람은 심지어 이 세상 사람이 아닐 수도 있다.

지금도 헤이 하우스 출판사에서는 많은 사람으로부터 용서에 관한 편지를 받는다. 진정으로 상대방을 용서한 사람은 그들로부터 "한 달 혹은 두 달 후에 전화가 왔다"라고. 전화를 받을 수도 있지만 용서해달라는 편지도 받을 수도 있다. 거울에 비친 자신 눈을 보면서 용서 작업을 할 때 이런 일이 일어나기도 한다. 그러므로 여러분이 용서 작업할 때 용서 감정이 얼마나 깊이 느껴지는지 알아차렸으면 좋겠다.

용서를 위한
긍정 말투 확언

◆ 내가 생각을 긍정적으로 바꾸면 주위 환경이 좋게 변한다.

◆ 내 마음으로 들어가는 문은 항상 내 안에 있다.

◆ 나는 용서해 주고 사랑을 실천한다.

◆ 나는 내 감정을 느끼고 나에게 친절하게 대한다.

◆ 나는 내가 느끼는 모든 것이 내 친구라는 걸 안다.

◆ 나는 과거를 편안히 놓아준다.

◆ 나는 과거를 놓아버렸기에 지금, 이 순간 편안하다.

◆ 나는 지금, 이 순간이 가장 소중하다.

◆ 나는 미래를 상상하는 것에도 집착을 놓아준다.

◆ 나는 오늘 하루만 충실히 산다.

◆ 나는 지금, 이 순간 하는 생각이 미래를 창조한다는 걸 안다.

◆ 나는 변화의 시작이 지금인 것을 안다.

◆ 나는 희생자 의식을 내려놓는다.

◆ 나는 더 이상 힘없는 사람이기를 거부한다.

◆ 나는 스스로 힘을 기른다.

◆ 나는 과거에서 벗어난다.

◆ 나는 과거에서 벗어난다는 선물을 받았다.

◆ 나는 현재를 기쁨으로 산다.

◆ 나는 도움이 필요할 때면 다양한 방법으로 도움을 받는다

◆ 나는 지지하고 도와주는 장치는 강하고 사랑스럽다.

◆ 나는 크고 작은 문제들을 사랑으로 돌본다.

◆ 나는 어떤 문제라도 사랑으로 풀리지 않는 것이 없다는 걸 안다.

◆ 나는 치유될 준비가 되어 있다.

◆ 나는 기꺼이 용서한다.

◆ 나는 모든 일이 잘 풀린다.

◆ 나는 실수를 통해서 배운다.

◆ 나는 실수를 저지를 때 딱 알아차린다.

◆ 나는 실수가 배워가는 삶의 과정임을 깨닫는다.

◆ 나는 용서에서 이해로 넘어간다.

◆ 나는 모든 것에 연민을 느낀다.

◆ 나는 모든 것이 나와 하나임을 느낀다.

◆ 나는 매일 하루가 새로운 기회임을 포착한다.

◆ 나는 모든 죄책감을 놔준다.

◆ 나는 과거에 죄책감이라는 무거운 구름을 다 흩어지게 한다.

◆ 나는 항상 뭔가 잘못되었다는 느낌을 놓아준다.

◆ 나는 과거에 내가 한 일에 대해 나 자신을 용서한다.

◆ 나는 누군가를 통제하려는 욕구를 내려놓는다.

◆ 나는 이제 죄책감이 불편함을 초래한다는 사실을 이해한다.

◆ 나는 과거의 어떤 일에 대한 유감이 느껴진다면 그 행동을 그만

한다.

◈ 나는 다른 사람들에게 적극적으로 도움을 요청한다.

◈ 나는 도움을 받는 데 대해 주저하지 않는다.

◈ 나는 믿을만한 사람에게 내가 고쳐야 할 부분이 무엇인지 물어
본다.

◈ 나는 용서를 통해 적극적으로 관계를 해결한다.

◈ 나는 용서하지 못할 행동이 마음에 걸리면 다시는 그 행동을 반
복하지 않는다.

◈ 나는 죄책감은 항상 처벌을 기다리고 있다는 것을 인식한다.

◈ 나는 죄책감은 항상 고통을 초래한다는 것을 안다.

◈ 나는 나 자신을 용서한다.

◈ 나는 타인을 용서한다.

◈ 나는 나를 가둬놓은 창살 없는 마음의 감옥에서 나온다.

◈ 나는 다른 사람들을 그들의 있는 모습 그대로 허용한다.

◈ 나는 다른 사람들을 변화하도록 강요할 수 없다.

◈ 나는 모든 사람이 각자의 영혼 수업을 잘 받고 있다고 믿는다.

◈ 나는 매일 하루를 새 영혼이 새로운 기회를 잡는 날로 정한다.

◈ 나는 영혼의 어제가 이미 끝나서 생을 마쳤다는 것을 안다.

◈ 나는 오늘을 내 미래의 첫날로 삼는다.

◈ 나는 낡고 오래된 부정적인 생각의 방식에 집착하지 않는다.

◈ 나는 과거의 방식이 더 이상 나에게 한계 짓도록 놔두지 않는다.

◈ 나는 과거의 부정적인 생각들을 편히 보내준다.

◈ 나는 용서하고, 사랑하고, 정겹고, 친절하다.

◈ 나는 삶이 나를 사랑한다는 것을 안다.

◈ 나는 나 자신이 완벽하지 않은 것을 용서한다.

◈ 나는 내가 알고 있는 선에서 최선을 다하고 있다.

◈ 나는 다른 사람들을 변화시킬 수 없다.

◈ 나는 내 가족을 지금 바로 있는 그대로 받아들인다.

◈ 나는 내 주변 사람들을 지금의 있는 모습 그대로 받아들인다.

◈ 나는 어린 시절의 상처를 놓아주는 것이 안전하다.

◈ 나는 어린 시절 상처가 사랑으로 바뀌게 한다.

◈ 나는 내가 다른 사람을 책임질 수 없다는 것을 안다.

◈ 나는 우리가 모두 각자 자신만의 의식 법칙대로 살고 있다고 믿

는다.

◆ 나는 용서, 용기, 사랑, 감사, 유머라는 삶의 기본에서 산다.

◆ 나는 인생의 모든 사람이 나에게 줄 장점이 있다는 것을 인지
한다.

◆ 나는 내 인연으로 온 사람들이 나에게 교훈을 줄 장점이 있다는
걸 안다.

◆ 나는 모든 사람에게서 좋은 점만 보고, 좋은 점만 이야기한다.

◆ 나는 우리가 함께 지내는 목적이 있다는 걸 안다.

◆ 나는 과거에 나에게 잘못을 한 모든 사람을 용서한다.

◆ 나는 그들을 사랑으로 자유롭게 놓아준다.

◆ 나는 내 앞에 놓인 모든 변화가 늘 긍정적임을 확실히 안다.

◆ 나는 절대적으로 안전하다.

◆ 나는 용서하고 사랑하고 놓아준다.

◆ 나는 용서하고, 사랑하고, 온화하며, 친절하다.

◆ 나는 삶이 나를 사랑한다는 것을 안다.

◆ 나는 삶이 나를 축복하고 있다고 느낀다.

◆ 나는 용서하지 않는 태도가 마음의 독약이란 걸 깊이 새긴다.

◆ 나는 과거의 밧줄을 풀어버린다.

◆ 나는 기꺼이 용서한다.

◆ 나는 용서가 건강과 자유로움을 준다는 걸 안다.

◆ 나는 과거가 이미 끝났다는 걸 안다.

◆ 나는 과거가 이미 사라졌다고 믿는다.

◆ 나는 용서가 과거에 나에게 잘못한 사람의 행동을 용인하는 것이 아닌 마음속에서 그들을 사라지게 하는 것임을 거듭 상기시킨다.

2. 건강

　여러분의 몸은 항상 최상의 건강으로 돌아가려고 한다. 어떤 나쁜 대우를 받더라도 몸은 항상성을 유지하기 위해서 노력한다. 몸을 잘 돌보고 살살 다룬다면 최고의 건강 상태의 에너지로 몸이 보답한다.

　나는 우리가 모든 '질병'을 만들었다고 믿는다. 다른 모든 것들과 마찬가지로 삶에서 몸은 우리 내면의 생각과 신념의 반영이다. 몸이 항상 우리에게 말하고 있다. 잘 귀를 기울여 몸이 하는 소리를 들어보자. 시간을 내어 자신 몸과 대화하는 여유를 가지기를 바란다. 우리 몸의 세포들은 우리가 하는 모든 생각들을 다 듣고 있다. 언제나 몸의 세포들이 말하고 있으니 신호를 잘 알아차리면 많은 증상이 사라질 것이다.

　질병에 숨은 정신적 유형을 알아내면 긍정 말투로 건강하게 바꿀 수 있다. 그러므로 질병은 잠시 불편함(dis-ease 불편 안 함)일 뿐이다. '불편함'이라는 뜻은 지금 몸이 '편하지 않음'이라는 신호다. 사람 대부분이 의식의 표면에서 병에 걸리기를 바라지 않는다. 건강을 누리는 것, 즉 편안한(ease) 상태가 원래 인간의 본질이고 당연한 권리다. 어떤 이유로 몸에 불편함이 생겼다면 이것은 신호다. 증상을 통해서 지금 삶에서 일어나는 몸의 환경 중에 뭔가가 불편하니 고치라고 알려주는 스승이 찾아온 것이다.

질병은 우리의 의식 안에 뭔가 거짓된 생각이 있다는 것을 알려주는 신호다. 병은 현재 믿고, 말하고, 행동하고 생각하는 것이 최상의 선을 위해서가 아니라고 경고하는 신호등의 빨간불이다. 나는 항상 우리 몸을 끌어내리려고 하는 신호를 잘 알린다. 예를 들어 다음과 같은 식으로 몸에 대한 의식을 변화시킨다.

"좀 주의하란 말이야!"

이런 소리가 들리면, 지금 하는 모든 일을 중단하고 잠시 명상한다. 몸의 어느 부분에서 지금 치유가 필요하다고 전해주는 정보이므로, 하던 일을 당장 멈추고 듣고 또 듣는다. 그러면 내 몸이 신호에 반응하여 올바른 해답을 준다. 원인을 파악하게 되면 질병을 자연스럽게 사라지는 경우가 많다. 질병이 찾아오면 정신과 몸을 보살핀다.

때로는 사람들은 아프기를 원하기도 한다. 우리 사회에서 책임을 회피하거나 불편한 상황에서 도망갈 수 있는 가장 합법적인 방법이 '병'이기도 하다. 병은 어떤 이유에서 의무 해제가 된다. 병은 심리적 원인이 크다. 만약 자신이 잘 거절을 못 하는 성격이라 "아니, 안 돼."라고 말하기 위해서 질병(dis - ease 불편함)을 고안해 낸다. 거절을 잘못하는 사람들이 가장 흔하게 쓸 수 있는 핑곗거리는 병이다. 아프면 일을 못 하게 되니 의식 속에서 그런 병을 끌어당기는 것이다.

진정한 치료는 몸과 마음과 영혼이 함께 통합적으로 치유되어야 한다. 만약 질병의 감정적이고 영적인 원인을 치료하지 않고 병 자체만을 치료한다면 그 병이 재발할 우려가 크다.

건강상 문제가 있다면 그 문제를 일으킬 필요성을 놓아줄 준비가 기꺼이 되어 있나? 발병했을 때, 제일 먼저 해야 할 일은 다음과 같다. 다시 한번 변화하길 바란다고 진심으로 마음먹을 때 이렇게 잠재의식에 말해야 한다. 지금 모든 것을 다 놓고 이렇게 잠재의식에 말해보라.

"나는 이 상황을 만든 내 안에 있는 모든 욕구를 기꺼이 놓아버리겠어."

이 말을 거울 속에 있는 자신 모습을 보면서 말해보자. 다시 한번 말해보자. 몸의 불편한 증상이 떠오를 때마다 말하는 걸 추천한다.

"나는 이 불편한 질병을 만든 내 안에 있는 정신적 욕구 유형을 기꺼이 놓아버리겠어!"

변화를 창조할 때 처음 해야 할 단계는 선포이다.

건강을 위한
긍정 말투 확언

◆ 나는 내 몸이 주는 정보를 듣는다.

◆ 나는 모든 영역에서 유연해지기로 선택한다.

◆ 나는 기꺼이 나 자신을 변화시킬 것이다.

◆ 나는 삶의 질을 높이기 위해서 신념을 바꾸기로 선택한다.

◆ 나는 기꺼이 달라지겠다.

◆ 내 몸은 내가 어떻게 다룰지라도 나를 사랑한다.

◆ 내 몸은 나와 대화한다.

◆ 나는 내 몸의 정보를 듣는다.

◆ 나는 기꺼이 내 몸이 주는 정보들을 듣겠다.

◆ 나는 몸에 주의를 기울이고, 필요하다면 바로잡는다.

◆ 나는 몸이 나에게 뭔가 필요하다면 나에게 말을 해줄 것이다.

◆ 나는 몸이 나에게 최적의 건강을 되돌려준다.

◆ 내 몸은 나를 위해 가능한 모든 것을 해줄 것이라고 믿는다.

◆ 내 몸은 항상 필요한 조처를 해준다.

◆ 나는 내면의 힘을 기꺼이 내겠다.

◆ 나는 내면의 힘이 내 것이기에 필요할 때마다 나의 무한 능력을
  사용한다.

◆ 나는 내 몸의 모든 부분을 사랑하고 받아들인다.

◆ 치유에 있어서 나를 가장 완전하게 만드는 것이 수용이다.

◆ 자신을 있는 그대로 받아들이는 것은 치유에서 가장 큰 부분을
  차지한다.

◆ 나 자신을 완전히 모든 면에서 다 받아들이면 치유될 수 있다.

◆ 내가 잘했을 때도 나는 나를 수용한다.

◆ 내가 잘하지 못했을 때도 나는 나를 받아들인다.

◆ 내가 겁에 질려서 떨고 있을 때도 나는 나를 있는 그대로 받아들인다.

◆ 내가 바보처럼 우스꽝스러울 때도 나는 나 자신을 받아들인다.

◆ 나는 창피를 당해도 나를 받아들인다.

◆ 내가 승리할 때도 나는 나를 받아들인다.

◆ 내가 죄책감을 느낄 때도 나는 나를 받아들인다.

◆ 내가 수치심을 느낄 때도 나는 나를 받아들인다.

◆ 나는 내 모든 부분을 다 받아들인다.

◆ 나는 나를 조건 없이 사랑한다.

◆ 나는 과거를 삶의 풍부한 경험으로 가득 찬 인생 체험했다고 여기겠다.

◆ 내가 자신의 모든 면을 받아들일 때, 완전하고 온전하게 치유될 것이다.

◆ 나는 지구가 주는 자연 음식을 먹고 건강해진다.

◆ 나는 지구가 자연이기 때문에 자연 음식을 먹고 건강하다.

◆ 나는 내가 자연에서 왔기 때문에 자연 음식을 먹으면 날로 더 건

강해진다.

- 나는 숨 쉬는 순간마다 나는 조금씩 더 건강해진다.

- 나는 아름다운 건강의 빛으로 충만하다.

- 나는 아름다운 사랑과 치유의 빛이 나를 치유하게 한다.

- 나는 밝은 빛이 몸속에 존재하는 모든 불편함을 씻어내고 건강
  이 찾아오게 한다.

- 나는 건강의 제1 원칙이 신체에 대해서 화를 내지 않는 것이란
  걸 안다.

- 나는 건강한 내 몸에 감사하고 몸을 사랑해 줌으로써 건강을 유
  지한다.

- 나는 가능한 몸에 조건 없는 사랑을 쏟아붓는다.

- 나는 건강에 좋은 것들을 선택한다.

- 나는 나 자신을 존중한다.

- 나는 내 몸을 사랑으로 돌본다.

- 나는 내 몸이 항상 완벽한 건강을 만들기 위해 최선을 다하도록
  이완한다.

- 나는 매일 밤 충분히 잔다.

- 나는 몸을 어떻게 돌보느냐에 따라 몸이 나에게 고마워하는 걸 느낀다.

- 나는 완전한 건강을 유지하는 데 있어 몸에 필요한 것이면 무엇이든 해 본다.

- 나는 완전하고 온전한 건강이 나의 신성한 권리다.

- 나는 지금 완벽한 건강을 되찾을 자격이 있다.

- 나는 건강한 몸에 감사한다.

- 나는 건강으로 가는 가장 빠른 길을 택한다.

- 나는 마음을 기쁜 생각들로 채운다.

- 나는 삶을 사랑한다.

- 나는 매일 기분이 점점 더 좋아진다.

- 나는 나이와 상관없이 늘 아름답고 힘이 있다.

- 나는 건강 상태가 매우 좋다.

- 나는 건강미가 넘친다.

- 나는 내 몸이 빠르게 치유된다는 것을 믿는다.

◆ 나는 에너지와 열정으로 가득 채워져 있다.

◆ 나는 사랑으로 내 전체 생각을 채운다.

◆ 나는 나의 사랑스러운 생각이 내 면역체계를 강화한다.

◆ 나는 내적으로나 외적으로나 늘 안전하다.

◆ 나는 건강하고 온전하며 기쁨으로 가득 차 있다.

◆ 나는 내 마음에 드는 날렵한 몸매를 가지고 있다.

◆ 나는 건강을 방해하는 내면의 의식 유형을 기꺼이 내려놓는다.

◆ 나는 내 몸의 경이로움에 늘 감사한다.

◆ 나는 나 자신을 사랑하며 늘 내 몸을 소중히 대한다.

◆ 나는 내 인생을 사랑한다.

◆ 나는 삶을 살아가는 것이 안전하다는 걸 안다.

◆ 나는 건강하고 온전하고 완전하다.

◆ 나는 이제 신성한 자연 치유를 받아들인다.

◆ 나는 항상 완벽히 편안하다.

◆ 나는 만나는 모든 사람에게 치유의 손을 내민다.

◆ 나는 이제 좋은 건강이 나의 권리라고 선포한다.

◆ 나는 과거를 흘려보낸다.

◆ 나는 내 존재의 자연 그대로가 건강임을 받아들인다.

◆ 나는 몸에 불편함이 생기게 하는 정신적 유형을 놓아버린다.

◆ 나는 나 자신을 사랑하고 받아들인다.

◆ 나는 내 몸을 사랑하고 받아들인다.

◆ 나는 영양가 있는 음료와 물을 마신다.

◆ 나는 나를 즐겁게 해주는 재미있는 운동을 한다.

◆ 나는 내 몸이 얼마나 훌륭하고 경이로운 자연치유력이 있는지를

  잘 안다.

◆ 나는 자연치유력이 가득한 몸 안에서 사는 특권이 있다.

◆ 나는 활력이 넘치는 내가 좋다.

◆ 나는 나의 건강 세상에서 모든 것이 다 좋다.

◆ 나는 내 몸에 건강한 음식과 수분을 공급한다.

◆ 나는 건강에 좋은 행복한 선택을 한다.

◆ 나는 몸에 최고로 좋은 음식을 즐긴다.

◆ 나는 내 몸의 모든 세포를 사랑한다.

◆ 나는 현재 사랑으로 몸을 돌본다.

◆ 나는 건강한 노년을 위해 지금부터 건강관리를 한다.

◆ 나는 최상의 건강 상태로 돌아간다.

◆ 나는 고통이 없는 자유로운 상태다.

◆ 나는 완전히 삶과 조화를 이룬다.

◆ 나는 삶을 일과 휴식 놀이로 균형을 이루게 한다.

◆ 나는 내가 살아있다는 사실에 감사한다.

◆ 나는 도움이 필요할 때면 기꺼이 도움을 요청한다.

◆ 나는 건강에 관한 자료를 많이 읽는다.

◆ 나는 내 직관을 믿는다.

◆ 나는 매일 밤 잠을 깊이 잔다.

◆ 나는 나에게 수호천사가 있다는 걸 안다.

◆ 나는 최상의 건강인 신성한 권리를 누린다.

◆ 나는 내 시간 일부를 타인을 돕는 데 쓴다.

◆ 나는 건강한 몸에 감사한다.

◆ 나는 내 식습관을 잘 조절할 수 있다.

◆ 나는 물을 많이 마신다.

◆ 나는 행복한 생각을 하기 때문에 건강을 유지한다.

◆ 나는 내면으로 들어가 치유 자아에 접속한다.

◆ 나는 깊게 충분히 호흡한다.

3. 사랑으로 맺어진 관계 - ❶ 친구와의 관계

우정은 오래 인내해야 중요한 관계가 될 수 있다. 배우자나 사랑하는 대상이 없으면 사람들은 잘 살 수 없다. 가족이 없이는 살수 있어도 친구 없이는 행복하게 살지 못한다. 나는 태어나기 전에 스스로가 부모님을 선택한다고 믿는 사람이다. 하지만 가족 말고 친구를 선택할 때에는 의식적인 차원에서 고른다고 생각한다. 서로 잘 맞아야 친구 관계가 오래간다.

랄프 왈도 에머슨은 "친구는 신의 꿀이다. 로맨틱한 관계에서는 한 사람이 언제나 다른 사람을 변화시키려는 시도를 한다고 말하지만 친구는 서로를 인정과 존중으로 바라봐 줄 수 있다."고 말했다.

친구는 핵가족 시대에 가족을 대체할 수 있을 정도로 확대된 가족의 형태가 될 수 있다. 사람들은 관계에서 자신의 경험을 나누고자 하는 큰 욕구가 있다. 친구 관계를 잘 맺어 서로를 있는 그대로 인정하고 수용한다면, 서로에 대해 많이 알 수 있을 뿐만 아니라 우리 자신에 대해서도 더 많이 알게 된다. 이런 관계는 자기 가치와 자기 긍정적 감정의 거울이다. 친구들은 우리가 스스로를 바라볼 수 있도록 완벽한 기회를 줄 뿐만 아니라 성장해야 하는 부분도 함께 조율해 나갈 수 있다.

친구 사이에 뭔가가 막히면, 우리는 어린 시절부터 쌓아온 부정적인 무의식을 알아차릴 수 있다. 그때가 바로 어릴 때 받은 정신적인 영향에 대해 마음의 청소를 해야 하는 적기다. 이 작업은 자주 인스턴트 음식을 먹은 후 건강하고 영양가 있는 음식을 먹기 시작하는 것과 같다. 다이어트가 바뀌면 몸이 오래된 독소를 제거할 것이고, 하루 이틀은 더 나빠질 수도 있다. 그러나 영양가 있는 음식은 반드시 몸을 좋게 만든다.

그래서 그때가 바로 정신적인 사고 패턴을 바꾸기로 결정하는 시기일지도 모른다. 잠시 상황이 나빠 보일 수 있다. 하지만 이렇게 시작해 보자. 땅을 비옥하게 만들려면 건조한 잡초를 뽑아야 한다. 잡초를 뽑은 자리에서 새로운 열매들이 열린다.

어떤 친구를 인정하고 받아들일 필요가 있는가? 잠시 떠오르는 친구들을 상상해 보자. 눈을 감고 떠올리는 시각화를 해보자. 그 친구들의 눈을 보면서 이렇게 말하자.

"나는 너에게 고마워. 내가 너를 필요할 때면 언제나 나서서 날 도와줘서 고마웠어. 나는 그런 너를 축복해. 내가 필요할 때 항상 함께 있어 줘서 고마워. 사랑해. 너의 삶에 기쁨이 가득하길 바랄게."

어떤 친구를 용서할 필요가 있는가? 그들을 잠시 시각화해 보자. 그 친구들의 눈을 보면서 이렇게 말하라.

"내가 이렇게 해주었으면 하는 대로 네가 행동해주지 않은 것을 용서할게. 나는 너를 용서했으니 너는 자유야. 나는 너를 용서하고 너를 자유롭게 놓아줄 거야."

친구 관계를 위한
긍정 말투 확언

◆ 나는 삶의 모든 것과 하나 됨이다.

◆ 내 삶의 모든 것이 나를 지지하고 사랑해준다.

◆ 나는 나를 위해 기쁘고, 사랑 가득한 친구들을 끌어당긴다.

◆ 나와 친구는 '따로 또 같이' 행복한 시간을 보내고 있다.

◆ 나는 우리 부모님이 맺었던 친구관계 패턴이 아니다.

◆ 나는 나 자신의 독특한 자아다.

◆ 나는 오직 서로가 성장하며 도와주는 관계만을 허용하기로 선택

   한다.

◆ 나는 내가 어디를 가든 기쁨 가득한 사랑의 인사를 받게 될 것이다.

◆ 나는 친구를 통해 누릴 수 있는 모든 우정의 계절을 좋아한다.

◆ 나는 사랑의 눈으로 명확히 보기 시작했다.

◆ 나는 친구관계에서 내가 보는 것을 사랑한다.

◆ 나는 사랑이 어디에나 있는 걸 볼 수 있다.

◆ 나는 사랑을 더 많이 나누려고 이 세상에 왔다.

◆ 나는 내 사랑을 내 주변의 모든 사람들과 나눈다.

◆ 나는 먼저 나와의 관계를 사랑으로 채운다.

◆ 나는 내 짝과 서로를 존중하고 존경한다.

3. 사랑으로 맺어진 관계 – ❷ 부모님과의 관계

어렸을 때 사랑이라는 감정을 어떤 식으로 경험했는가? 부모님께서 사랑을 준 것을 느낀 적이 얼마나 많았는가? 어린 시절에 부모님이 많이 안아주었나? 아니면 가족이 싸우고, 소리치고, 울고, 문을 쾅 닫고, 누군가가 지배하고 통제하고, 침묵하고, 복수하는 걸로 사랑을 표현하는 듯 했는가? 그렇다고 하면, 어른이 되어도 비슷한 경험을 하고 있을 가능성이 매우 높다. 왜냐하면 무의식적으로 과거 생각을 강화시켜주는 사람을 찾을 것이기 때문이다. 만약 어린아이였을 때 사랑을 찾았는데 그 사랑이 고통으로 얼룩졌다면, 어른이 되어서도 사랑 대신 아픔을 찾게 될 것이다. 만약 여러분이 가족 패턴을 놓아주지 않는다면, 계속해서 어린 시절 부모와의 관계를 되풀이하며 살게 된다.

과거 생각과 신념이 계속해서 경험을 만들고 있다. 미래는 아직 아무것도 딱히 만들어진 것이 없다. 그리고 여러분은 미래가 어떻게 될지는 모른다. 단지 지금 하는 생각만 완전히 통제할 수 있다.

우리 모두는 스스로의 생각을 선택할 수 있는 유일한 사람들이다. 계속해서 습관적으로 했던 생각을 되풀이하는 경향이 있다. 그래서 스스로 생각을 선택하지 않는 것처럼 보이지만 늘 생각을 선택한다. 그 생각이 현실을 창조하고 있다. 그러나 특정한 생각을 거부할 수가 있다. 얼마나 자주 자신에 대해 긍정적인 생각을 하기를 거부하고 있는가? 이제 자신에 대해 부정적으로 생각하는 것을 당장 멈출 수도 있다. 단지 연습하고 훈련만 하면 된다. 연습을 지속하면 할수록 자신에 대한 부정적인 생각이 긍정적으로 바뀐다.

"나는 나 자신에게 친밀한 사랑을 경험하는 걸 허락해."

사랑과 친밀한 관계를 위한
치유 확언

◆ 나는 삶과 하나 됨이다.

◆ 내 삶의 모든 것이 나를 사랑하고 지지해 주고 있다.

◆ 나는 내 세상에서 사랑과 친근함을 내 것으로 만든다.

◆ 나는 나의 부모님도 아니고 그들이 맺었던 관계의 패턴도 아니다.

◆ 나는 나 자신의 유일한 자아다.

◆ 나는 사랑으로 오래 지속되는 관계를 맺는다.

◆ 나는 모든 면에서 서로 도와주는 관계를 맺고 있다.

◆ 나는 상대를 지지하고 사랑으로 영양분을 주어 위대하게 상생한다.

◆ 나는 비슷한 삶의 리듬을 가지고 있는 관계들이 다가오게 한다.

◆ 우리의 관계는 서로에게 최고와 최상의 것들을 끌어내 준다.

◆ 우리는 로맨틱하고 기쁨을 주고받는 최고의 친구이다.

◆ 나는 오래 지속되는 관계 안에서 굉장히 기쁘다.

◆ 나는 사랑스런 관계를 있는 그대로 받아들인다.

◆ 나는 사랑의 세계에서의 모든 것이 다 괜찮다.

◆ 나는 단합되고 사랑이 넘치는 가족의 삶에 공헌한다.

◆ 나는 모든 것이 다 괜찮다고 긍정 말투 확언한다.

◆ 나는 우리 부모님을 그들의 있는 모습 그대로 받아들인다.

◆ 나는 내 친구들도 그들의 있는 모습 그대로를 수용한다.

◆ 나는 자녀들에게 좋은 본보기가 된다.

◆ 나는 자녀들과 자유롭게 대화하고 사랑한다.

◆ 나는 모든 인간관계를 조화롭게 흐르도록 한다.

◆ 나는 마음을 활짝 열어 모든 좋은 관점을 받아들인다.

◆ 나는 과거를 기꺼이 용서한다.

◆ 나는 부모님의 한계를 뛰어넘는다.

◆ 나는 모든 비난을 내려놓는다.

◆ 나는 나를 판단하는 사람들을 내 삶에서 떠나도록 놔준다.

◆ 나는 성장하는 것이 안전하다.

◆ 나는 지금 친구들과 기쁘고 재미나게 산다.

◆ 나는 가족과 멋지고 사랑이 넘치며 따뜻한 열린 대화를 나눈다.

◆ 나는 모든 사람들에게서 최고의 장점을 본다.

◆ 나는 우리 가족이 서로 사랑하고 지지하게 돕는다.

◆ 나는 모든 사람들을 편안하게 대한다.

◆ 나는 부모님을 용서한다.

◆ 나는 가족들에게 솔직하다.

◆ 나는 용서하고 놓아준다.

◆ 나는 모든 판단을 넘어선다.

◆ 나는 가족들에게 마음의 문을 연다.

3. 사랑으로 맺어진 관계 - ❸ 자신과의 관계

관계에서 가장 중요한 점은 자신과의 관계 맺기다. 당신이 스스로 자신과 행복하게 될 때 다른 모든 관계들도 개선된다. 행복한 사람들은 스스로와 잘 지내기 때문에 함께 있을 때도 행복하고 혼자 있을 때에도 행복하다. 그래서 다른 사람들에게 굉장히 매력적으로 보인다. 만약 더 많은 사람들과 좋은 관계를 맺고 싶다면 먼저 자신을 더 많이 사랑할 필요가 있다. 자신을 사랑하는 방법은 아주 간단하다. 자신에 대해서 비난하는 모든 것을 멈추라. 자신에 대해서 하는 모든 부정적인 말, 말투, 말씨, 확언, 등을 전부 멈춰야 한다. 불평하는 것, 투덜대는 것, 외롭다고 생각하는 그 모든 것을 다 멈춰야 한다. 있는 그대로 지금의 자신에게 굉장히 만족한 상태가 자기 사랑이다.

지금 바로 기분 좋은 생각을 선택하는 것도 자신과의 관계 개선에서 중요하다. 자신에게 줄 수 있는 사랑 중, 가장 적절한 방법을 선택하라. 어떤 사람들은 스킨쉽을 통해서 사랑을 느낀다. 어떤 사람들은 선물을 받을 때 사랑을 느낀다. 어떤 사람들은 사랑한다는 말을 들을 때 사랑을 느낀다. 타인으로부터 구하는 사랑을 스스로에게 주라. 꽃을 사주거나, 선물을 스스로에게 주거나, 자신의 이름을 부르면서 사랑한다고 말하라.

나는 끊임없이 자신을 사랑하라고 권하고 싶다. 자신을 위해 싹트는 사랑을 보여 주라. 스스로 낭만적이고 멋진 사랑을 할 자격이 있다고 생각하라. 자신이 얼마나 소중한 존재인지를 보여 주라. 당신이 스스로에게 하고 싶은 대로 하도록 내버려두라. 자신에게 꽃을 사주고, 맘에 드는 색깔의 옷을 입고, 주변을 자신이 좋아하는 향기로 에워싸라. 삶은 언제나 우리가 내면에 지니고 있는 감정을 다시 우리에게 비춰준다. 당신 내면에 있는 로맨스를 발전시킴으로써 당신과 친밀감을 유지할 수 있는 적절한 사람들이 자석처럼 당신에게 끌려올 것이다.

만약 외롭다는 생각을 사랑으로 꽉 채우고 싶다면, 자신과 주변 사람들을 서로 사랑하는 정신적이 관계로 만들 필요가 있다. 사랑과 로맨스에 대한 부정적인 생각을 멈추라. 대신 당신이 만나는 모든 사람들과 사랑을 나누고, 인정하고, 받아들이는 것에 대해 생각해 보자. 자신의 필요가 충족되는 방향으로 노력할 때, 더 이상 사랑을 갈구하거나 사랑에 목말라 하지 않아도 될 것이다. 이 모든 것은 당신이 먼저 자신을 사랑하는 것에서 출발한다. 당신이 진실로 자신을 있는 그대로 사랑하게 될 때, 중심이 잡혀있고, 고요하고 흔들리지 않으며, 내면이 고요하고 안정되어 직장은 물론 가족 구성원들과의 관계도 행복하게 바뀔 것이다. 예전에 그렇게 중요했던 관계가 이제는 더 이상 치명적으로 중요하지 않게 보일 것이고, 새로운 사람들이 당신의 삶 속에 계속 나타날 것이다. 기존의 관계가 사라질 수도 있다. 이 상황이 처음에는 두려울 수도 있지만 의식이 사랑으로 바뀌면 차원이 달라진다. 멋지고 새로운 관계를 맺는 일은 신난다.

새로운 관계들이 다가오면 적극적으로 만나보자. 기쁜 생각을 할 때 당신은 행복한 사람이 된다는 것을 명심하라. 모든 사람들이 당신과 함께 있기를 원할 것이고, 현재의 인간관계가 개선될 것이다. 그 시작은 자신을 먼저 사랑하는 것이다. 당신은 소중한 존재이다. 온 세상은 당신을 정말로 사랑한다. 우주에서 무한 사랑을 공급받고 있으니 자신에 대한 사랑을 키우면 키울수록 우주도 역시 그 사랑을 거울처럼 반사한다. 자신에 대한 사랑은 더욱 더 커져서 풍족하게 사랑의 증거를 보여줄 것이다

자신과의 사랑을 위한
긍정 말투 확언

◆ 나는 사랑의 눈으로 명확하게 보기 시작했다.

◆ 나는 내가 보는 것을 사랑한다.

◆ 나는 완벽한 시간과 공간에서 사랑이 나에게 오도록 허락한다.

◆ 나는 사랑이 어디에나 있는 것을 본다.

◆ 내 세상을 채우는 것은 기쁨이다.

◆ 나는 지구라는 행성에 나 자신을 더 사랑하는 법을 배우러 왔다.

◆ 나와 내 단짝은 내 삶을 사랑하는 것이다.

◆ 나와 내 단짝은 서로를 존중한다.

◆ 나는 오늘 사랑을 주기로 선택한다.

◆ 나는 날마다 접하는 사랑 안에서 기쁘다.

◆ 나는 사랑, 로맨스, 기쁜 것들을 받을 자격이 있다.

◆ 나는 사랑으로 둘러싸여 있고, 모든 것이 다 괜찮다.

◆ 내 존재의 중심에는 마르지 않는 사랑이 있다.

◆ 나는 나를 진정으로 사랑해 주는 사람들과 즐겁고 친근한 관계

　를 맺는다.

◆ 나는 사랑 안에서 아름답다.

◆ 나는 어딜가든지 사랑의 인사를 받는다.

◆ 나는 내가 맺는 모든 관계에서 안전하다.

◆ 나는 많은 사랑을 주고 받는다.

◆ 나는 내 삶의 모든 사랑에 감사한다.

◆ 나는 사랑을 어디에나 발견할 수 있다.

◆ 내 삶은 오래 지속되는 사랑의 관계로 빛난다.

◆ 나는 사랑이 넘치고 사랑스러우며 사랑 받는다.

◆ 나는 나 자신에게 친밀한 사랑의 경험을 허락한다.

◆ 나는 사랑 받을 자격이 있다.

◆ 나는 지금 지속적으로 깊이 서로를 돌보고 아끼는 관계를 창조

   한다.

◆ 나는 사랑을 표현한다.

◆ 나는 어디에 있든지 사랑을 끌어당긴다.

◆ 나 자신을 사랑하는 건 안전하다.

◆ 내가 나 자신으로 존재할 때 사람들은 나를 사랑한다.

◆ 나는 멋지고 사랑이 넘치는 경험을 내 삶에 가져온다.

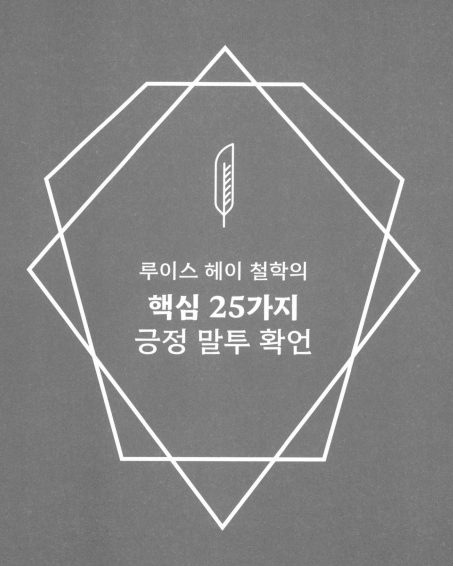

루이스 헤이 철학의
핵심 25가지
긍정 말투 확언

1
상처 치유 확언

◆ 세상에 기적을 일으키는 힘은 바로 나의 내면에 있다.

◆ 진주조개는 모래 한 알을 삼켜서 한 겹 한 겹 그 위에 층을 입히며 아름다운 진주를 만들어낸다.

◆ 우리의 상처도 그렇게 한 겹 한 겹 아름답게 보살펴서 용서하고 자유롭게 놔주어야 내 마음이 평온해진다.

◆ 마음에 상처가 생기면 오래된 영화를 돌려 볼 때 필름의 이전 테이프가 지워지는 것처럼 그렇게 지우고 또 지워서 보살펴 바라봐야 한다.

- 진정한 자유를 원하고 오래된 상처에서 벗어나고 싶다면 지금, 이 순간에 감사하고 즐거운 일들을 만들어 앞으로 나아가야 한다.

- 나는 치유의 다음 단계를 밟는 중이다.

- 나는 과거에 나에게 잘못한 사람들을 용서하고 그들을 놔준다.

- 나는 사랑이 모든 문제에 답이란 것을 안다.

- 그래서 용서하고 놓아주고 나 자신을 위해 더욱더 사랑을 실천하기로 한다.

- 모든 변화는 내면으로부터 시작된다는 사실을 잊지 않는다.

2
변화수용 확언

◆ 내가 살아가는 무한한 삶 속에서 모든 것은 완전하고, 온전하고,

완벽하다.

◆ 그러나 삶은 끊임없이 변화하고 있다.

◆ 매 순간이 새롭다.

◆ 오늘은 새로운 날이다.

◆ 오늘의 나는 어제와 다른 새로운 나다.

◆ 과거는 이미 지나갔다.

◆ 나는 예전과 다르게 긍정적으로 행복하고 조화롭고 평화롭게 생

각하고 말하며 행동한다.

◆ 새로 변화된 밝은 삶의 방식이 나에게 새로운 좋은 세상을 선물
한다.

◆ 새 씨앗을 건강하게 심는 것은 기쁜 일이다.

◆ 변화하려면 연습할 시간과 행동이 꼭 필요하다.

◆ 변화는 내 인생의 자연스러운 법칙이니 나는 그 변화를 수용
한다.

◆ 나는 두 팔 벌려 변화를 수용한다.

◆ 나는 새롭게 긍정적으로 행복하고 여유롭고 편안한 방식으로 생
각을 바꾸기로 한다.

◆ 나는 편안한 마음으로 과거에서 지금, 이 순간에 새로운 것으로
변화를 수용한다.

◆ 나는 변화로 인해 자유로워진다. 나는 변화하려는 모습을 포함
하여 나의 있는 그대로의 모든 부분을 받아들인다.

◆ 변화란 내면의 대청소다. 조금씩 먼지를 닦다 보면 어느 순간 내
면의 성소(聖所)가 깨끗해진다.

◆ 내면의 변화는 내 생각을 바꾸는 일일 뿐이어서 너무나도 쉽고

간단하다.

3
용서 확언

◆ 자신과 타인을 용서하는 것은 마음의 감옥에서 자신을 해방 한다.

◆ 지금, 이 순간 삶이 자유롭게 흘러가지 않는다면 과거에 머물러 있기에 용서 작업을 많이 해야 한다.

◆ 용서는 고통스러운 행동을 나의 삶에 끌어들이는 것을 허락하지 않는다는 걸 의미한다.

◆ 용서는 그냥 지나가도록 놔주는 것을 의미한다.

◆ 나는 그저 '용서합니다.'라고 말하고 놓아준다.

◆ 타인과 일정한 거리를 두고 건강한 영역을 설정하는 것은 자신과 타인을 위한 사랑이다.

◆ 과거에 어떤 일이 일어났든지 자신을 기꺼이 용서할 수 있다.

◆ 용서할 때 즐겁고 활기찬 인생의 영역으로 옮겨간다.

◆ 나는 용서를 통해 사랑을 실천한다.

◆ 나는 치유될 준비가 되어 있다.

◆ 나는 기꺼이 용서한다.

◆ 나는 나 자신이 완벽하지 않은 것을 용서한다.

◆ 나는 과거에 나에게 잘못을 한 모든 사람을 용서한다.

◆ 나는 그들을 사랑으로 자유롭게 놓아준다.

◆ 내 삶에 놓인 모든 변화를 용서로 인해 긍정적인 것으로 바꾼다.

◆ 용서는 내가 생각하는 것보다 쉬운 일이다.

◆ 용서를 하면 내 마음이 가벼워지고 자유로워진다.

◆ 용서하고 생각을 바꾸면 기분이 좋아진다.

◆ 용서를 통해 사랑을 실천하면 아주 쉽게, 어떤 어려움도 없이 내면의 해답을 얻게 된다.

◆ 나는 평화롭다. 내 삶도 평화롭다.

◆ 자신에게 친절 하라.

◆ 자신을 사랑하고 있는 그대로 받아들여라.

4
감사와 기쁨 확언

◆ 나는 인생이 나를 지지하는 법칙을 기쁘게 보고 있다.

◆ 나는 하루를 시작할 때 감사와 기쁨으로 채운다.

◆ 나는 하루 동안 일어날 일에 대해 열정을 가지고 기대한다.

◆ 오늘은 왠지 새로운 좋은 일이 생길 것 같다.

◆ 나는 나 자신과 내가 하는 모든 일을 사랑과 감사의 눈으로
  본다.

◆ 나의 인생은 사랑과 생명과 기쁨의 수로다.

◆ 나는 기뻐하고 편안한 마음으로 감사하며 삶의 길을 즐겁고 행

복하게 걷는다.

◆ 나는 편안하고 기쁘게 자신을 표현한다.

◆ 나는 기분이 좋아지는 행복한 생각을 한다. 나를 기쁘게 하는 사람들과 감사한 시간을 가진다.

◆ 매일 아침 일어나 새로운 하루를 시작할 수 있는 풍요로움에 기뻐하고 감사한다.

◆ 내가 일어날 수 있음에 감사하고 주변에 나를 사랑하는 사람들이 있음에 기뻐하고 감사한다.

5
명상

◆ 나는 긴장을 할 때마다 조용한 곳으로 가서 눈을 감고 호흡을 크게 한다.

◆ 깊이 숨을 들이마시고 내쉰다.

◆ 몸의 긴장을 아주 편안하게 푼다.

◆ 머리와 이마 볼, 입술, 척추, 팔, 손, 엉덩이, 다리, 발가락 온몸의 긴장을 푼다.

◆ 그러고 나서 "나는 내 마음의 집착을 바라본 다음 다 내려놓는다. 내 마음은 새로운 변화에 직면할 때 고요하고 평화롭다."라

고 말한다.

◆ 숨을 크게 들이쉬고 내쉰다. 이 과정을 3회 이상 반복하면 곧 마

음이 평화로워진다.

6
행복한 관계

◆ 나는 나를 진정으로 사랑해 주는 사람들과 즐겁고 친근한 관계
를 맺는다.

◆ 나는 알고 지내는 모든 사람과 조화롭고 균형 잡힌 관계를 유지
한다.

◆ 나는 날마다 접하는 사랑스럽고 행복한 관계 속에서 기쁘다.

◆ 나는 모든 관계에서 안전하다. 나는 진실한 사랑을 주고받는 관
계를 맺는다.

◆ 내 주위에는 사랑을 베풀 줄 아는 사람만 있다.

◆ 나는 건강한 관계만 끌어당긴다. 나는 항상 좋은 대우를 받는다.

◆ 나는 오래 지속되고 사랑하는 관계로 삶이 빛난다.

◆ 먼저 나 자신을 사랑하고 인정해야 삶에서 사랑이 넘치는 관계
를 맺을 수 있다.

◆ 나는 내가 원하는 걸 가질 만큼 충분히 좋은 사람이다.

◆ 타인과 사랑하는 관계를 맺고 싶다면 먼저 자신을 더 많이 사랑
할 필요가 있다.

◆ 우선 나 자신을 변화시켜야 다른 사람들도 변한다.

◆ 현재 자신에게 매우 만족한 상태일 때 좋은 관계가 형성된다.

◆ 나는 기분 좋은 생각을 하기로 선택한다.

◆ 내가 나를 진심으로 사랑할 때 중심이 잡히고, 내면이 고요하고
안정적으로 되며 직장은 물론 가족 구성원들과의 관계도 행복하
게 변한다.

◆ 기쁜 생각을 할 때 나는 행복한 사람이 된다. 그때 모든 사람이
나와 함께 하기를 원하고 인간관계가 개선될 것이다.

◆ 행복한 사람은 다른 사람들에게 매우 매력적으로 보인다. 좋은

인간관계를 맺고 싶다면 자신을 더 많이 사랑할 필요가 있다.

◆ 나는 나를 진정으로 사랑해 주는 사람들과 즐겁고 친근한 관계

　를 맺는다.

7
건강

◆ 나는 삶과 하나다.

◆ 나의 삶에 존재하는 모든 것들이 나를 사랑한다.

◆ 내 인생의 모든 일이 나를 도와준다.

◆ 나는 항상 나 자신에게 완벽하고 활기찬 건강을 요구한다.

◆ 내 몸은 저절로 건강해지기 위한 방법을 잘 알고 있다.

◆ 나는 재미있는 방식으로 운동한다.

◆ 나는 건강한 음식을 먹고 물을 많이 마신다.

◆ 나는 몸을 최적의 상태로 돌려놓는 행동을 한다.

◆ 나는 건강을 위해 할 수 있는 모든 것을 적극적으로 한다.

◆ 나는 내 몸을 사랑한다.

◆ 나는 내 소중한 몸을 사랑해준다.

◆ 나는 몸을 내 몸을 축복한다.

◆ 나는 내 몸을 소중히 다룹니다.

◆ 나는 내 부모님과 다른 존재다.

◆ 나는 내 부모님의 건강 패턴이 아니다.

◆ 나는 부모의 질병을 내 몸에 창조해서 내 안에 들어오게 선택할

   필요가 없다.

◆ 나와 부모는 다른 존재다.

◆ 나는 나 자신의 독특한 자아다.

◆ 나는 개성 있는 존재다.

◆ 나는 삶을 행복하고, 건강하고, 완전하게 산다.

◆ 이것이 나의 존재에 대한 진실이다.

◆ 나는 지금 이 확언이 이루어질 것을 안다.

◆ 내 몸 안에서 일어나는 모든 것이 다 괜찮다.

- 나에게는 그 모든 것이 다 좋다.

- 나는 행복한 생각을 하니 건강하다.

- 나는 매일 기분이 점점 더 나아진다.

- 나는 나이와 상관없이 늘 아름답다.

- 나는 힘 있는 여성/남성이다.

- 내 몸은 빠르게 치유된다.

- 내 몸은 자연 치유된다.

- 나는 건강 상태가 매우 좋다.

- 나는 건강미가 넘친다.

- 나는 에너지가 가득하다.

- 나는 영감과 열정이 넘친다.

- 나는 사랑으로 생각을 채운다.

- 나는 사랑의 면역체계를 강화시킨다.

- 나는 내적으로나 외적으로 늘 안전하다.

- 나는 건강하고 온전하다.

- 나는 기쁨으로 가득 차 있다.

◈ 나는 내 마음에 꼭 드는 날렵한 몸매를 가지고 있다.

◈ 나는 바라지 않는 의식 패턴을 놓아준다.

◈ 나는 내 몸의 경이로움에 늘 감사한다.

◈ 나는 나 자신을 소중히 대한다.

◈ 나는 내 몸을 소중히 대한다.

◈ 나는 내 인생을 사랑한다.

◈ 나는 삶을 살아가는 것이 안전하다는 걸 안다.

◈ 나는 건강하고 온전하며 완전하다.

◈ 나는 신성한 치유를 받아들인다.

◈ 나는 내면으로 들어가 원하는 건강상태를 만든다.

◈ 나는 항상 완전히 편안하다.

◈ 나는 숨을 쉴 때마다 점점 더 건강해진다.

◈ 이제 좋은 건강은 나의 것이다.

◈ 나는 과거를 흘려보낸다.

◈ 내 존재의 자연 그대로의 상태가 곧 건강이다.

◈ 나는 질병을 야기하는 정신적인 패턴을 놓아준다.

◈ 나는 나 자신을 사랑하고 받아들인다.

◈ 나는 내 몸을 사랑하고 받아들인다.

◈ 나는 영양가 있는 음식을 먹는다.

◈ 나는 즐겁고 재미있는 운동을 꾸준히 한다.

◈ 나는 내 몸을 경이로운 기계라고 생각한다.

◈ 나는 내 몸 안에서 살고 있는 특권에 감사한다.

◈ 나는 넘치는 에너지가 좋다.

◈ 나의 세상에서는 모든 것이 다 괜찮다.

8
재정, 풍요, 부의식

◆ 돈에 대해 어떠한 부정적인 생각도 내 뿜지 않는다.

◆ 돈이 부족하다고 말하면 결코 풍요로움이 찾아오지 않는다.

◆ 감사하는 마음은 부유한 생활로 가는 비밀이다.

◆ 돈에 대한 의식이 바뀌는 것이 행복한 부자로 사는 가장 빠른 방
법이다.

◆ 나의 돈에 대한 의식을 긍정적으로 장착하고 우주가 주는 풍요
로움을 두 팔 벌려 환영하도록 허용한다면 풍족함을 누릴 수
있다.

◈ 부(富)가 나에게로 흘러 들어오고 있다고 긍정 확언하고, 자신이 풍요로움을 누릴 자격이 있다고 생각한다면 머지않아 큰돈이 나에게로 들어올 것이다.

◈ 돈이 흘러 들어오는 것을 막는 신념을 철저히 조사해서 나는 그 모든 돈에 대한 안 좋은 생각들을 놓아준다.

◈ 번창하고 싶다면 번창하는 생각을 해야 한다. 부자가 되고 싶다면 가난한 생각을 버려야 한다.

◈ 재정적으로 어떤 상황에 부닥쳐 있더라도 나는 마음속으로 크게 소리 내어 이 긍정 확언을 잠재의식에 수천 번 각인시킨다.

◈ "내 수입은 계속해서 증가하고 있다. 나는 어딜 가든지 번창한다."

◈ 이 세상에는 매우 많은 풍요로움이 존재한다. 그 사실을 인식하고 그 부를 나눌 때 더 부유한 생활을 할 수 있다.

◈ 하루에 아침, 저녁으로 두 팔을 벌리고 큰 소리로 기쁘게 외친다.

◈ "나는 우주가 가져다주는 모든 행복과 풍요로움에 마음의 문을

열고 그것들을 지금, 이 순간 받아들인다. 내 삶아 고맙다." 우주

가 이 소리를 듣고 좋은 것들을 가져다줄 것이다.

◆ 나는 성공의 빛을 내뿜는다.

◆ 내가 가는 곳 어디든지 번창한다.

◆ 내가 손대는 모든 것은 성공한다.

◆ 나는 돈과 행복, 풍요, 재정적인 안전을 끌어당기는 초강력 자석

이다.

◆ 모든 종류의 풍요로움이 나의 긍정적인 부(富)에 관한 의식에 반

응해 몰려오고 있다.

◆ 나는 크게 생각한 다음, 나 자신이 삶으로부터 더 좋은 것들을

받아들일 수 있도록 마음의 문을 열어둔다.

◆ 내가 일하는 곳이 어디가 되었든 깊게 감사하고 보상 또한 잘 받

는다.

◆ 오늘은 아주 기쁘고 좋은 날이다. 돈은 내가 예상한 곳에서 들어

오기도 하고, 뜻밖에 건강하고 긍정적인 방식으로 조화롭게 모

두의 선(善)을 위해서 쓰이기 위한 돈이 들어오기도 한다. 나는

그 돈 일부를 타인을 돕는 데 사용한다.

◆ 나는 최상의 것을 받을 자격이 있다. 나는 지금 최고의 상태를 받아들인다.

◆ 나는 돈에 대한 모든 무의식적 저항을 놓아버린다. 그리고 지금 나는 돈이 내 삶으로 아주 기쁘게 흘러들어 오도록 허용한다.

◆ 내가 어디에, 누구와 함께 있든지 나의 행복은 이루어진다.

◆ 나는 최고의 것들을 누릴 자격이 있고, 어딜 가나 번창한다. 나는 지금 바로 최고의 선(善)과 행복, 평화, 조화, 온전, 건강, 풍요를 누린다.

9
성공

◆ 모든 경험은 그 자체로 성공이다.

◆ 나는 내가 하는 일을 즐긴다.

◆ 실패를 경험하는 이유는 내면에 부족하고 가치가 없다고 느끼는 생각과 신념이 있기 때문이다.

◆ 성공하지 못했더라도 실수를 통해서 더 올바른 해결책을 배울 때까지 기존과 다른 방법으로 시도하자.

◆ 자신의 현재 위치보다 지나치게 높은 성공기준과 성취 목표를 세운다면 항상 실패할 수밖에 없다. 작은 목표를 꾸준히 성공시

키는 것이 큰 성공을 위한 발판이다.

◆ 무한지성의 지혜가 나에게 성공을 위한 지혜와 지식을 준다.

◆ 내가 손을 대면 무엇이든지 다 성공한다.

◆ 모든 사람에게 성공의 기회가 있다. 나는 사람들의 성공을 돕는다.

◆ 나는 신이 주신 성공의 기회를 놓치지 않는다.

◆ 나는 내가 원했던 꿈보다 더 큰 축복을 받는다.

◆ 나는 모든 부(富)의 요소를 다 갖추고 있고, 그것을 받아들이기를 허용하기만 하면 된다.

◆ 황금의 기회가 언제나 나에게 활짝 열려 있다.

◆ '어떻게'라는 말보다, 반드시 나에게 완벽한 시간과 공간에서 적절한 순서대로 모든 사람의 선(善)을 위해서 조화롭게 나에게 성공이 올 것이라고 믿는다.

◆ 나는 나를 이끌어주는 내면의 무한한 지성을 믿는다.

◆ 나는 인생의 모든 분야에서 성공을 거둘 가치와 자격이 있다. 그리고 나는 그것을 지금 받아들인다.

◆ 나는 행복하게 성공할 자격이 있다.

◆ 어떤 것에도 집착하지 말고 감사하자. 내가 가진 것에 감사하면 더 성공해서 감사할 일이 생긴다.

◆ 이제 마음을 열고 굴러오는 돈과 행운과 기회와 성공을 받을 준비를 해야 한다.

◆ 돈을 성공을 위한 친구로 대하고 사랑과 감사와 기쁨으로 키스해서 내보낸다.

◆ 나는 전화기를 사용할 때마다 성공과 사랑으로 축복한다. 나에게는 전화기가 오직 부(富)와 사랑과 성공의 표현과 수단으로 사용되기에 감사한다. 날마다 친구와 고객, 먼 곳에서 성공을 도와주는 우주의 신호인 편지와 청구서를 사랑으로 대한다.

◆ 청구서가 날아오면 내가 지급할 능력이 있다고 믿는 회사에 감사한다. 나는 현관문에 감사하면서 좋은 것만 집 안으로 들어올 것을 진짜 믿는다.

◆ 타인의 성공과 부유함에 질투하면 부자가 되는 데 시간이 오래 걸린다. 다른 사람이 성공하고 돈 버는 방식을 비판하지 마라.

모든 사람은 자신만의 의식 법칙을 따른다. 다른 사람에게 찾아

온 행운을 진심으로 축복하라. 그러면 나에게도 그만큼의 성공

과 행운이 따를 것이다.

10
균형, 조화

◆ 우주는 균형과 조화를 맞추기 위해 무한한 공급을 내뿜고 있다.
바닷물을 상상해 보자. 퍼도 퍼도 끊임없이 풍요로운 물이 항상
있다. 물은 풍요를 상징한다. 의식을 확장해 무한정으로 공급받
을 수 있는 풍요의식을 균형 잡고 조화롭게 사용하자.

◆ 하루에 적어도 한 번씩 두 팔을 크게 양옆으로 벌리고 큰 소리로
"나는 마음을 열고 우주가 주는 모든 행운과 풍요로움과 좋은 것
들을 다 받아들인다. 삶에 감사한다." 이렇게 하면 우주의 균형
과 조화의 법칙에 따라 나에게 필요한 모든 좋은 것들이 들어올

것이다. 모든 사람의 선(善)을 위해서 조화롭고 만족스럽게 감사

한 방식으로 온다.

◆ 나는 절대 마르지 않는 우주의 공급원에서 끊임없이 공급받는

무한한 가능성을 지난 조화로운 존재다.

◆ 내가 알아야 하고 배워야 하는 삶의 교훈들이 조화롭고 균형적

으로 나타날 것이다.

◆ 완벽한 순간에 완벽한 곳에서 모든 이들의 선(善)을 위해 조화롭

고 만족스럽게 내가 원하는 모든 것들을 완벽히 손에 넣게 될 것

이다.

◆ 삶은 환희와 사랑과 조화, 자연의 완벽한 균형, 질서로 가득

하다.

◆ 나는 사랑스럽고 사랑하고 사랑을 조화롭게 받는다.

◆ 나는 건강하고 활력이 넘치는 이유가 삶을 조화롭고 균형 있게

살기 때문이다.

◆ 나는 일과 휴식과 놀이에 균등한 시간을 배분해서 내 온전한 삶

이 조화롭고 균형 잡히게 흘러가게 한다.

◆ 나는 기꺼이 조화롭게 변화하고 성장할 것이다.

◆ 모든 일이 균형 잡혀 잘 흘러가서 감사한다.

11
봉사

◆ 인생이 내게 최상의 것을 가져다주는 것을 알기에 그 선(善)을 타
인을 위해 베푼다.

◆ 나에게 필요한 봉사할 일이 신으로 뜻대로 착착 진행된다.

◆ 모든 봉사가 완벽하게 이루어진다.

◆ 나는 나를 사랑한다. 그러므로 나는 내 안에 넘치는 사랑을 세상
에 유익하게 나누어준다. 나의 사랑이든 타인의 사랑이든 사랑
과 봉사는 온 지구를 치유한다.

◆ 웃음은 이웃을 위한 최고의 봉사행위다. 나 자신에게 관대해져

서 항상 웃으면서 봉사한다.

◆ 나는 즐거운 마음으로 배우고 지식을 넓혀서 많은 사람을 돕는다.

◆ 나는 나 자신과 내가 하는 모든 일을 사랑한다.

◆ 매일 아침 일어나 나는 새로운 하루를 시작할 수 있는 풍요로움에 기뻐한다.

◆ 살아있다는 사실에 감사하고 건강한 신체에 주변에 친구와 가족이 있다는 사실에 감사한다.

◆ 무엇보다 남들에게 도움이 될 수 있어서 감사하다.

◆ 봉사에 관한 창조적인 아이디어가 많이 떠오른다.

◆ 나는 어디에나 존재하는 삶의 풍요로움과 봉사할 점들에 대해 마음의 문을 열어 놓는다.

◆ 삶은 봉사를 통해서 나에게 더욱더 풍성하게 채워준다.

◆ 나는 이 세상과 주변에 나와 인연이 있는 분들을 축복하고 풍요롭게 성장시키기 위해 왔다고 믿는다.

◆ 나는 번성할 수 있도록 다른 사람들을 돕는다. 그리고 그 대가로

삶은 나에게 놀라운 방식으로 도움을 준다.

◆ 나에게로 들어오는 돈은 세상에 유익한 일을 하기 위함이다. 나는 그 돈의 일부분을 타인에게 도움을 주는 봉사에 사용한다.

◆ 그렇게 했을 때 나는 조화롭고 풍족하고 감사한 삶을 살게 될 것이다.

◆ 봉사를 통해 내보낸 나의 선한 에너지가 내게 필요한 모든 것들을 풍족하게 채워준다.

◆ 봉사를 통해서 나는 내면의 기쁨, 조화, 평화의 감정을 깊이 느낀다.

◆ 나는 용서하고, 사랑하고, 온화하며, 친절하다. 삶이 나를 사랑한다는 것을 안다.

12
마음

◆ 자신에 대한 사랑이 싹트면 틀수록 마음의 행복 열매가 주렁주렁 열린다.

◆ 마음이란 언제나 외부가 아니라 내면이다.

◆ 자기 자신에 대해 새로운 생각을 하면 마음이 새로워지므로 삶이 제공하는 모든 행복을 받을 자격이 점점 커진다.

◆ 항상 거울에 비친 나의 눈을 통해 마음이 하는 소리를 듣고 '지금 열심히 잘 살아줘서 고마워.'라고 자신에게 마음속으로 깊이 감사한다.

◆ 자신을 마음속으로 사랑할 가장 좋은 방법은 자기 전이나 일어난 후에 거울을 보며 자신에게 좋은 말을 해주는 것이다.

◆ "난 나를 사랑해. 정말로 사랑해. 나는 나를 있는 그대로의 모습으로 사랑하고 받아들여."라고 큰 소리로 말해준다.

◆ 우리가 아기였을 때를 생각해 보자. 아기들은 자신 모든 부분을 사랑하고 마음에 어떤 죄책감, 수치심, 비교 의식, 어떤 질투도 없다. 우리는 그렇게 다들 완벽했다. 즉, 자신의 모든 부분을 온 마음을 다해 사랑했다. 하지만 어른이 되면서 사랑 없이도 사는 방법을 배우게 되지만 인간은 사랑 없이는 못 산다. 마음을 온전하고 완벽한 아이의 순수 사랑의 마음 상태로 다시 돌아가도록 의식하자.

◆ 내 마음은 모든 상황에 다 적합하다.

◆ 내 마음은 반짝반짝 빛으로 빛난다.

◆ 나는 나에 대해 좋게 느끼기로 선택한다.

◆ 다른 사람의 행동과 말이 중요한 것이 아니라, 더 중요한 건 내 마음이 어떻게 느끼고 반응하느냐다.

◆ 나는 마음의 중심을 잡기 위해 긴장할 때면 심호흡을 크게 3번 한다. 숨을 들이쉬고 내쉬면서 내 모든 마음의 부정적인 감정을 날려버린다.

◆ 마음속에 생각이라는 쓰레기를 너무 많이 넣으면 부패한다. 좋은 것만 담는다.

◆ 내 마음은 건강하고 긍정적이고 사랑과 감사, 평화의 생각들로 가득 차 있다.

◆ 내가 내 마음에 줄 수 있는 가장 큰 선물은 조건 없는 사랑이다.

◆ 나는 내 마음을 행복하게 하려고 매일 규칙적으로 아침저녁 혹은 수시로 명상한다. 내 마음은 아주 고요하고 평화롭다.

◆ 나는 변화에 직면할 때 마음을 고요하고 차분히 하여 변화를 끌어안는다.

◆ 나는 마음속에 화를 잘 평정시키고 감정을 조절하여 균형과 조화를 이루게 한다.

◆ 나는 항상 가정과 직장에서 사랑 가득한 환경에 마음을 두고 있어 감사한다.

◆ 나는 어린 시절 두려움을 다 날려버린다. 나는 안전하고 힘 있는

사람이며 내가 생각하는 것보다 훨씬 더 강인한 사람이다. 나는

이 지구상의 모든 좋은 것들을 받을 자격이 있다.

◆ 마음 차원에서 보면 불가능이란 없다.

◆ 나는 마음이라는 가능성의 총체 속에서 살고 있고, 내 주변에는

언제나 좋은 일들만 가득하다.

◆ 나는 마음속에 영감이 흘러넘치고, 힘이 넘치고, 단련된 감정의

중심이 있다.

13
훈련

◆ 자신을 비난하는 것은 아무런 효과가 없다. 나는 나에 대한 모든

비판을 멈춘다. 그리고 있는 그대로 자신을 인정한다.

◆ 자신이 완벽해야 한다는 강박관념을 버리자. 그저 있는 그대로

모습으로 존재한다. 그러면 지금, 이 순간 자신이 너무나 멋진

사람이라는 사실을 깨닫게 될 것이다.

◆ 다른 사람에게 평가받을 필요가 없는 삶이란 완벽한 편안함과

이완된 상태일 것이다. 자신을 있는 그대로 받아들이고 사랑하

는 훈련 하면 아침에 일어나 자신과 함께한다는 기쁨에 넘칠 것

이다.

◆ 많은 이들이 죄책감의 그늘에서 살아간다. 언제나 무엇인가를 잘못했고, 제대로 하지 못한다고 느끼며, 늘 사과하며 인생을 낭비한다. 자신이 과거에 한 잘못도 용서하지 못한다. 그러면서 인생에 무슨 일이 일어날 때마다 자신을 몰아붙인다. 죄책감의 어두운 구름을 흩트려 버리자. 내가 그런 식으로 살아야 할 이유는 조금도 없다.

◆ 죄책감을 느끼고 있다면 "싫어."라고 말하는 훈련을 하거나 "그런 감정은 도움이 안 되는 거고, 타인이 나를 조정하려 들려고 하는 감정이니 그 감정을 이제는 놓아주겠어."라고 계속 자신에게 들려준다. 처음 싫다고 할 때는 죄책감을 느낄 수도 있지만 반복 훈련하다 보면 점점 더 쉬워진다.

◆ 누구에게 미안할 만한 일을 하고 있다면 지금 당장 멈춘다. 아직도 죄책감이 느껴지는 과거의 잘못이 있다면 지금이라도 용서하라. 바로잡을 수 있는 일은 바로잡고, 같은 일을 다시 반복하지 않도록 훈련한다.

◆ 죄책감이 고개를 내밀 때마다 "아직도 내가 나를 믿지 못하는 것일까? 내가 나를 믿는 게 이 세상에서 가장 중요한 마음 훈련이다. 자신을 용서하고 자유롭게 해 줄 사람은 자기 자신뿐이다.

◆ 나는 나 자신을 사랑하는 법을 배워가는 중이다.

◆ 나를 사랑하고 싶다는 사실 자체가 변화를 불러온다.

◆ 부정적인 패턴을 고수할 필요는 없다. 단지 행동으로 옮겨야 할 것은 언제나 자신을 사랑하는 것뿐이다.

◆ 자기 자신을 사랑하자. 지금 바로 나는 내가 가진 모든 부정적인 생각들을 놓아준다.

◆ 나는 편안하고 긍정적으로 변화를 받아들이는 훈련을 매 순간 한다.

◆ 나는 쉽게 긍정적인 방향으로 변화한다.

◆ 나는 내 모든 과거에서 벗어난다. 나는 용서하고 놓아주고 모든 사람을 사랑으로 축복해주는 마음 훈련한다.

◆ 습관적으로 화를 내는 것은 몸속에 분노가 자리 잡아 지속해서 나쁜 영향을 끼치니 화에 관한 질문을 하고 놓아준다.

- 왜 나는 화를 내는가?

- 왜 나는 화나게 하는 상황을 자초하는가?

- 내 삶에서 일어나는 일들에 대처하는 방법이 이것뿐인가?

- 나는 왜 이런 감정 상태에 머물러 있는가?

- 이 모든 절망스러운 감정의 원인이 무엇이라고 생각하는가?

- 나의 어떤 유형이 화나는 상황을 계속 불러들이고 있는가?

14
생각 비우기

◆ 많은 생각을 비운 자리에 앞으로 가지게 될 것이나, 하게 될 일을 머릿속으로 매일 자세하고 생생하며 명확하게 그려 본다.

◆ 아주 세세히 그려서 느끼고, 보고, 맛보고, 만지고, 들어본다. 새로운 생각을 창조한 후 사람들의 반응을 관찰하자. 반응이 어떻든 간에 생각을 비우고 담담해지도록 한다.

◆ 자신을 사랑하고 하는 일을 좋아해서 집중하면 많은 생각이 사라진다.

◆ 자신과 인생에 대해 웃어넘겨라. 어떤 것도 나를 해치지 못한다.

◆ 밤에 잠자리에 들기 건에 눈을 감고 혹은 일기장에다 인생에서 일어난 일 혹은 오늘 하루 있었던 좋은 일에 감사하자. 더 많은 행운이 찾아올 것이다.

◆ 평화로운 상태에서 잠들어야 생각이 비워진다.

◆ 나는 이 세상의 좋은 것들을 받고 누릴 가치가 있고 자격이 있고 행복해질 권리가 있다.

◆ 나는 지금 세상의 모든 좋은 것들이 나에게 흘러 들어오도록 허용한다.

◆ 나는 좋은 생각을 하는 사람들에게 좋은 대우를 받을 자격이 있다.

◆ 나는 나를 사랑하고 있는 그대로 받아들이기에 나를 판단하고 평가하는 사람들이 줄어든다.

◆ 나는 내가 죄책감과 열등감 없이 온전하게 나 자신이 이 세상에 온 존재로서의 사명과 교훈과 배움을 사랑으로 감싼다.

◆ 배우는 동안 실수해도 괜찮다. 무엇을 배우든 간에 시간이 걸린다. 처음에는 어렵지만 계속하면 쉬워진다.

◆ 새롭게 생각하기 위해 생각 버리기 연습할 때, 내면의 재판관이 옳고 그름을 판단하려 할 것이다. 하지만 계속하다 보면 새로운 방식이 자연스럽게 느껴질 것이다. 자신을 사랑하는 방법도 마찬가지다. 하룻밤에 자신을 완전히 사랑할 수는 없지만 매일 조금씩 더 사랑할 수는 있다. 계속해서 날마다 점점 더 자신을 있는 그대로 사랑하는 모습을 발견하게 될 것이다.

◆ 내 안의 모든 부정적인 생각과 상처를 치유하는 방법은 바로 자신을 용서하는 데 있다. 모두를 용서할 준비가 되어 있다고 자신에게 말해주자. "나는 과거로부터 나를 자유롭게 한다. 나에게 상처 준 모든 사람과 누군가에게 상처 준 나 자신을 기꺼이 용서한다."

◆ 내가 알아야 할 모든 것이 밝혀지니 걱정할 필요가 전혀 없다.

◆ 나는 내면의 부정적인 생각의 유형과 찌꺼기들을 완전히 쓰레기통에 버린다.

◆ 삶은 환희와 기쁨과 사랑으로 가득하다.

◆ 나는 사랑스럽고, 사랑할 줄 알고, 사랑받는 사람이다.

◆ 나는 기꺼이 생각을 긍정적으로 바꿔서 변화하고 성장할 것
  이다.

◆ 모든 일이 다 잘 될 것이다.

◆ 마음을 평온하게 하고 내면에 담긴 지혜의 목소리에 귀를 기울
  인다.

◆ 명상을 자주 한다. 마음을 편안한 상태에서 조용한 곳에 앉아 눈
  을 감고, '나는 나를 사랑한다. 나는 나를 용서한다. 나는 용서
  받았다. 평화, 사랑, 감사, 부(富), 풍요함, 기쁨'이라는 단어를 조
  용히 반복하는 것만으로도 충분한 명상이다.

15
자신을 사랑하기

◆ 자신을 사랑하는 것은 어떤 관계보다 더 소중하다. 평생 가꾸어
야 할 사랑은 자신을 사랑으로 채우는 것이다.

◆ 자신과 타인을 용서하면 무거운 짐이 덜어지고 자신을 향한 사
랑의 문도 활짝 열리게 된다.

◆ 사랑은 찾아온다. 나는 절망적으로 사랑을 갈구하는 대신, 완벽
한 시간과 공간에서 그 사랑이 나에게 마음의 문을 열고 허용
한다.

◆ 나는 이 지구라는 행성에 나 자신을 더 많이 사랑하는 법을 배우

러 왔다. 그리고 그 사랑을 내 주변의 모든 사람과 나눈다.

◆ 내 단짝은 내 삶을 사랑하는 것이다. 나와 내 짝은 서로를 존중

해 준다.

◆ 삶은 매우 단순하다. 내가 내뿜는 것은 다시 나에게로 돌아온다.

오늘 나는 사랑을 주기로 선택한다.

◆ 당신의 사랑이든 나의 사랑이든 모든 사랑에는 힘이 있다.

◆ 내 존재의 깊은 중심에는 무한한 사랑의 우물이 있다.

◆ 나는 이제 사랑의 눈으로 과거를 돌아보며 과거의 경험으로부터

교훈을 얻는다.

◆ 과거에 벌어진 일을 놓고, 옳다, 그르다, 좋다, 나쁘다고 말할 수

없다. 과거는 이미 지나간 일이다. 매 순간의 경험만 있을 뿐이

다. 과거에서 나를 이끌어서 여기까지 잘 와준 나는 나의 모든

면을 다 있는 그대로 사랑하고 받아들인다.

◆ 나는 우리가 영적으로 같은 존재라는 것을 알기에 나의 존재와

경험을 모든 사람과 나누고 싶다.

◆ 자신을 사랑하지 않으면 그 누구도 사랑할 수 없다.

◆ 자신을 사랑하는 가장 중요한 열쇠는 어떤 일이 있더라도 자신을 비판하는 것을 멈추기다.

◆ 우리는 모두 인간이므로 모든 면에서 완벽할 순 없다. 불안정할 수밖에 없음을 인정하자.

◆ 배우는 동안 실수해도 괜찮다. 실수를 통해 배우면 실수가 스승이요 디딤돌이 된다. 무엇을 배우든 시간이 걸린다. 배우고 실수하는 것을 통해 성장하는 자세를 가지면 충만한 인생에 한 걸음 더 가까이 다가가게 된다.

◆ 우리는 자신의 마음을 다정하게 대하는 법을 배워야 한다. 부정적인 경험에 대해 스스로 탓할 필요는 없다. 그저 그것을 통해 배우기만 하면 된다. 자신에게 다정해진다는 것은 자기를 탓하지 않고, 원망하지 않고, 죄책감을 느끼지 않으며, 벌주지 않고, 고통을 주지 않는 것이다.

◆ 눈을 감고 조용히 심호흡하며, "___(자신의 이름)야, 나는 너를 사랑해. 괜찮아. 나는 나를 사랑해, 나는 나를 용서해. 그리고 나는 용서받았어." 이렇게 마음속을 말하는 것만으로도 마음이 얼마

나 진정되는지 느낄 수 있을 것이다.

◆ 자신을 많이 칭찬하라. 자신 안에 있는 힘과 신적 존재를 인식한다. 우리는 모두 무한지성이 발현된 개체이므로 모든 창조의 힘이 내 안에 다 들어있다. 스스로 멋지다고 말해주자.

◆ 변화를 원한다면 먼저 자신을 용서하고, 몸속에 분노와 원망을 채우는 일을 그만두어야 한다. 긍정 확언과 몸을 위해 운동해 주면 신체에 관한 생각도 사랑으로 바뀐다.

16
자신감, 자존감

◆ 자존감이란 자신에 대해서 어떤 일이 있더라도 좋게 느끼는 감
  정이다.

◆ 나 자신에게 부정적인 감정을 품는 한은 자존감을 느낄 수 없다.
  자존감은 자신감과 연관이 있으므로 자신감을 기르기 위해서는
  먼저 나에 대해서 좋게 느끼는 작업을 해야 한다.

◆ 하루에도 몇 번씩 거울을 보면서 자신에게 좋은 말을 해주자. 처
  음에는 힘들 수 있다. 하지만 계속하다 보면 훈련이 되어 나 자
  신을 조금 더 사랑하고 좋은 면을 많이 찾을 수 있다.

◆ 자신감과 자존감이 리듬을 맞춰서 조화를 이루면 삶의 모든 분야에서 만족할만하게 성취할 것이다.

◆ 먼저 내가 나를 믿어야 한다. 자신이 자신을 먼저 믿을 때 타인을 믿을 수 있다.

◆ 나는 이 세상에 내가 얼마나 멋진 사람인지를 표현하기 위해 태어났다.

◆ 아기였을 때에는 우리는 모두 두려움 없이 자신의 모든 것을 표현했다.

◆ 많은 이들이 죄책감을 느끼고 산다. 죄책감은 자존감과 자신감에 해롭다. 스스로 존중하고 믿어야 하는데 가족이나 친구들 주변 사람들에게 부정적인 조정을 당하면서 과감히 거절할 것을 선택하지 않는다.

◆ 이 세상에서 가장 소중한 존재는 나다. 나를 먼저 믿고 사랑하고 존중해야 내 주변을 사랑할 수 있다.

◆ 자존감과 자신감을 방해하는 부정적인 생각이 들어올 때마다 "싫어, 이제는 나 자신의 힘을 되찾을 거야. 괜찮아 (자기 이름)야,

넌 정말 멋지고 잘하는 게 많고, 재능이 뛰어나."라고 확언한다. 스스로 먼저 칭찬하고 인정하고 사랑하고 믿고, 존중하는 것이 사랑의 첫 단계다.

- 나는 자유롭고 편안하게 당당히 내 자신감을 표현한다. 내 주위 사람들은 나의 바뀐 모습을 보며 놀랄 것이다.

- 하루 중에 불편한 일이 있더라도 거울에 비친 자신 눈을 보며, "그래도 괜찮아. 어쨌든 나는 너를 사랑해."라고 스스로 이야기 해주면서 위로해주자. 뭔가 좋은 일이 일어나도 거울 속의 나에게 "고마워."라고 말해준다. 자신이 뭔가 잘한 일이 있으면 스스로 칭찬하자.

- 나는 모든 상황에 적합하다.

- 나는 나에 대해서 좋게 느끼기로 선택한다. 나를 위해 큰 소리로 용기 내어 말하는 것은 안전하다.

- 나는 나 자신을 존중하므로 자존감도 높다.

- 나는 싸우거나 고통받는 어떤 욕구라도 기꺼이 내보낸다. 나는 좋은 것들을 받을 자격이 있다.

◆ 내 삶은 하루하루가 멋진 경험이다. 새로운 순간이 가져다주는 것들을 기대한다.

◆ 내가 만드는 어떤 문제라도 자신감을 가지고 해결책을 찾을 수 있다.

◆ 삶은 모든 가능한 방법으로 나를 지지하고 도와준다.

◆ 나는 쉽게 삶에서 전진할 수 있는 자존감이 있고 힘이 있으며 자신감이 있다.

◆ 내가 나에게 줄 수 있는 가장 큰 선물은 조건 없는 사랑이다.

◆ 나는 나 자신을 멋지고 위대하다고 느낀다. 나는 내 삶에 감사한다.

17
창조성

◆ 누구에게나 무한한 창조성이 태어나면서 주어진다.

◆ 우리 모두에게는 타고난 창조성이 있다. 만약 그것을 발견해서 밖으로 꺼내기만 하면 자신에게 좋은 감정들을 많이 느낄 것이다.

◆ 우리는 창조적인 표현을 하려고 이 세상에 태어났다. 매일 매 순간 삶을 창조한다. 몸에 새로운 세포를 만드는 데서부터 감정적인 반응, 현재 직업, 은행 예금, 관계, 삶에 대한 모든 것들이 다 창조적인 것들이다.

◆ 나는 항상 영혼에 의해 신성하게 안내받고 보호받고 있다. 따라서 뭔가를 창조적으로 표현하고자 할 때 신성이 영감을 불어넣어 주고 그로 인해 안내되고 보호받을 것이다.

◆ 나는 경험해 보지 못한 것들을 배우기를 좋아한다.

◆ 기억하라, 무슨 일을 하든지 간에 당신의 내면에는 이미 성공할 가능성이 원래부터 있었다는 것을…….

◆ 나는 내가 가졌는지 몰랐던 재능을 발견하고 있다.

◆ 나는 새로운 창조성에 대한 가능성에 마음의 문을 활짝 열어두고 그것을 지금 받아들인다. 나의 모든 재능과 능력을 펼쳐 보이며 창조성을 발휘하여 내가 있는 모든 곳에서 인정받고 성취감을 느낀다.

◆ 나는 나를 사랑하는 동료들과 함께 일하고 그들도 나를 사랑하고 존중한다.

◆ 나는 나를 창조한 힘을 믿으며 무한한 지성이 나에게 무한한 창조적인 일들을 만들어 준다.

◆ 나는 항상 창조적인 것들에 관심을 가진다.

- 나는 새로운 일을 시도하거나 적어도 매일 어제와 다른 일을 한다.

- 내가 어떤 분야를 선택하건 간에 창조적 표현을 위해 충분한 시간과 기회가 있다.

- 내 가족은 나의 꿈을 이루는 데 있어 나를 전적으로 도와준다.

- 나는 내가 인생에서 기적을 창조할 수 있다는 걸 안다.

- 나는 창조적인 모든 방법을 동원하여 나 자신을 표현할 때 행복감을 느낀다.

- 나는 나에게 기쁨을 주는 모든 것-음악, 미술, 춤, 글쓰기를 통해서 창조적 재능을 끌어낸다.

- 내 생각이 경험을 창조한다는 것을 아는 것이 창조성의 가장 중요한 열쇠이다.

- 나는 내 생각을 명확히 하고 자신을 쉽고 자신감 있고 당당하게 표현한다.

- 나의 잠재적 가능성은 무한하다.

- 나는 나의 타고난 창조력에 놀라고 기뻐한다.

◆ 내 직업은 내가 나의 재능과 능력들을 표현하게 해 주고 이 직업 에서 기쁨을 느낀다.

◆ 나는 안전하며, 내가 하는 모든 일에서 성취감을 느낀다.

◆ 내 재능은 충분하며, 창조적이란 독특한 선물 덕분에 주변에서 인정받는다.

◆ 삶은 결코 정체되어 있지 않다. 왜냐하면 매 순간이 새롭고 신선 하고 좋기 때문이다.

◆ 내 힘의 중심은 마음이다. 나는 즐겁고 창조적인 삶의 표현이다.

◆ 나한테는 아이디어가 쉽게 잘 떠오른다.

18
인내, 끈기

◆ 우리는 자신을 사랑하는 방법을 꾸준히 인내심을 가지고 끈기

　　있게 배워야 한다.

◆ 자신을 있는 그대로 받아들이는 것이야말로 바람직한 변화의 시

　　작이다. 그러니 꾸준히 자신을 있는 그대로 받아들이고 사랑하

　　고 인정한다고 말하자.

◆ 우리 자신을 인내심을 가지고 정말로 사랑할 때 우리의 인생은

　　잘 풀린다.

◆ 우리가 하는 생각과 말이 우리의 미래를 만든다. 인내를 가지고

우리의 미래가 어떻게 펼쳐질지를 상상한다.

◆ 지혜와 깨달음에 이르는 길은 언제나 활짝 열려 있다.

◆ 우리는 생각을 선택하는 것처럼 보이지 않기 위해 습관적으로 같은 생각을 반복해서 한다. 하지만 생각은 바꿀 수 있다.

◆ 삶이 즐겁고 행복하기 위해서는 의식적으로 끈기 있게 깨어 있어야 한다.

◆ 긍정 확언을 하는 것은 행복한 삶을 살기 위한 과정이다. 긍정의 씨앗을 심어 놓고 잘 크게 하기 위해서는 지속해서 돌봐야 한다. 긍정 확언한 것들이 더 빨리, 일관적으로 나타나게 하려면 확언하는 횟수가 늘어나도록 환경을 조성해야 한다.

◆ 인내심을 가지고 좋은 씨앗을 땅에 심으면 잘 자라서 풍성한 열매를 맺는다 생각하자.

◆ 좋은 생각을 많이 하면 할수록 확언의 효과가 커진다.

◆ 날마다 꾸준히 자신에게 도움이 되는 생각을 선택해서 자신을 있는 그대로 받아들이며 앞으로 나아가자.

◆ 마음의 통제권을 가지고 있는 것은 우리의 정신이 아니라 고차

원적인 상위 자아(自我)이다. 내 안의 나보다 훨씬 더 위대한 존재가 살고 있다. 그 위대한 무한 지성에게 끈기 있게 긍정 확언한다. 나는 긍정적으로 변화하여 행복하고 즐겁고 건강하게 살 수 있다.

◆ 우리는 과거의 생각에서 벗어날 수 있다. 과거가 다시 침입하여 "사람이 변화하는 것은 쉬운 일이 아니라."라고 속삭인다면 나의 마음의 상위 자아(自我)에 요청해 마음에 대고 이렇게 명령을 내린다. "이제부터는 변화가 쉬워질 거야. 나는 그렇게 믿어."라고 선언하자. 자기 자신을 향해 명령을 내린다는 것이 조금은 낯설 수 있다. 하지만 나의 주도권을 빼앗아 가는 부정적인 생각에다 대고 강하게 명령하지 않으면 바로 긍정으로 전환할 수 없으니 강하게 명령을 마음에다 내린다. 부정적인 생각을 멈추겠다고 마음을 먹는다. 단지 마음의 결정만 하면 되는 것이다. 부정적인 생각을 하는 것은 내가 선택한 것이니 바꿀 수 있다.

◆ 나는 끈기와 인내심을 가지고 긍정적으로 생각하기로 결심한다.

◆ 나는 긍정적인 변화를 이루어 낼 수 있다. 훈련하기만 하면

된다.

◆ 무언가를 바꾸기 위해 생각과 억지로 싸울 필요는 없다.

◆ 내면에서 부정적인 생각이 밀려오면 이렇게 말한다. "공감해 줘서 고마워." 이렇게 하면 두려움을 외면하거나 부정하지 않고 그 감정을 이기게 될 것이다.

◆ 자신에게 인내심을 가지고 훈련하자. 더 이상 부정적인 사람이 되지 않겠다고. 새로운 사고방식을 원한다고.

◆ 부정적인 생각들과 싸울 필요가 없다. 감정을 있는 그대로 받아들이고, 생각을 그 자리에 내려놓고, 그냥 지나가면 된다. 인내와 노력과 훈련이 필요하다. 계속하다 보면 생각이 바뀐다.

◆ 나는 빛이자 영혼이며 에너지이자 진동이다. 그리고 사랑이다. 나는 인생의 목적과 의미를 위해 살아갈 힘을 가지고 있다.

19
긍정 선택

◆ 우리는 생각을 선택하는 것처럼 보이지 않기 위해 습관적으로 같은 생각을 반복한다. 오늘의 생각이 어제의 생각과 다른 점은 무엇이 있을까? 어제와 다른 새로운 긍정적인 선택을 하자.

◆ 우리는 삶의 모든 순간에 선택한다. 나는 긍정적인 것을 매 순간 선택한다. 특정 생각이 오르면 그 생각을 안 하는 선택을 할 수도 있다.

◆ 부정적인 생각이 떠오르면 바로 긍정적인 생각을 선택할 수 있다.

◆ 자신에 대해서 긍정적인 생각을 선택할 수도 있고, 부정적인 생각을 선택할 수도 있다. 나는 원하는 꿈을 이루기 위해 매 순간 긍정을 선택한다.

◆ 많은 사람이 죄책감과 자기혐오로 인생을 낭비한다. 자기혐오와 죄책감은 인생을 엉망으로 만드니 어떻게 해서든지 자신을 사랑하고 있는 그대로 받아들이는 긍정 선택해서 자기혐오와 죄책감을 사라지게 만든다.

◆ 있는 그대로 자신을 사랑하고 인정하는 긍정을 선택할 때 인생의 모든 일이 술술 풀린다. 기적이 사방팔방에 있는 것과 같고, 건강이 좋아지고, 돈을 더 많이 벌게 되고, 인간관계도 잘 풀리고, 자신을 더 잘 표현하게 된다.

◆ 자신을 사랑하고 인정하기, 안정감 느끼기, 신뢰하고 받아들이기는 자신의 머릿속에 새로운 조직을 만들어내고, 인생에서 더욱 사랑이 넘치는 관계를 만들어 낼 것이다.

◆ 긍정을 매 순간 선택하게 되면 새로운 직업과 더 좋은 삶의 터전이 생기고, 심지어는 몸무게가 정상으로 돌아올 수도 있다. 자

신 몸을 사랑하는 사람이라면 절대 자신이나 남을 학대하지 않는다.

◆ 자신을 사랑하는 것이 이 세상의 모든 긍정 선택 중에 제일이다. 자신을 사랑하려면 자신에 대한 비난을 멈춰야 한다. 비난은 우리를 부정적인 방식에 가두어 변화를 방해한다.

◆ 자신을 이해하고 존중해 주어야만 긍정 선택을 할 수 있다. 수년 간 자신을 비판해왔지만, 그것이 삶을 긍정적인 방향으로 이끌고 가진 않았다는 것을 알 수 있을 것이다. 자신을 인정하고 받아들여라. 놀라운 일이 일어날 것이다.

◆ 나는 매 순간 내 안에 흐르는 위대한 힘, 긍정의 존재를 믿는다. 내가 알아야 할 모든 것이 내 내면에 주어져 있다. 내가 필요한 모든 것들이 제때, 적절한 곳에, 순서에 맞게 나에게 다가올 것을 알기에, 나는 이 힘과 지혜를 믿는다. 나의 세상에서는 모든 것이 다 괜찮다.

◆ 행복한 선택을 하자. 그것은 간단히 할 수 있는 것이다. 지금 하는 생각은 자신이 선택한 것이다. 반대로 지금 그 생각을 하지

않기로 선택할 수도 있다. 지금의 생각이 마음에 들지 않는다면

바꾸면 된다.

◆ 지금, 오늘, 이 순간 나는 내 생각을 긍정적인 것으로 대처하기

로 선택한다.

◆ 나의 인생은 하루아침에 변화하는 것이 아니다. 지속해서 좋은

생각을 선택하기로 결단을 내릴 때 삶의 모든 분야에서 긍정적

인 변화가 있을 것이다.

20
사랑 나누기

◆ 나 자신을 끊임없이 사랑하자. 나를 위해서 싹트는 사랑을 자신에게 보여주라. 나 자신이 얼마나 소중한지 모른다고 스스로 말해준다. 나는 낭만적이고 멋진 사랑을 할 자격이 있다고 생각한다. 나에게 사랑을 주는 것이 이 세상을 치유하는 가장 빠른 길이다. 나에게 꽃을 사주기도 하고 나를 즐겁게 해주는 색깔이나 옷, 향기 등으로 주변을 채우자.

◆ 나는 사랑의 눈으로 명확히 보기 시작했고, 내가 보는 모든 것을 사랑한다. 그 사랑으로 주변을 환하게 비춘다.

◆ 사랑은 모든 곳에 존재한다.

◆ 우리 주변의 사랑이든 나의 사랑이든 모든 사랑에는 힘이 있다.

◆ 주변을 조건 없이 있는 그대로 사랑해 줄 때 내가 가진 모든 문제가 해결된다.

◆ 타인을 그들의 존재 자체로 있는 그대로 받아들여 주고 사랑해 줄 때 지구의 사랑이 싹튼다.

◆ 어떤 문제든 해결할 수 있는 가장 빠른 방법은 자신을 있는 그대로 사랑하는 것이다.

◆ 우리가 사랑의 파장을 내보내면 또 다른 사랑이 그 파장에 응답해온다.

◆ 인생에서 떨쳐내 버리고 싶을 정도로 싫어하는 무언가가 있을 때, 그것을 가장 빨리 지워 버릴 방법은 그 대상을 사랑으로 축복하고 내 사랑을 나누어 주는 것이다. "너에게 정말로 감사하게 생각해. 이젠 내 인생에서 널 자유롭게 놓아줄게." 그 대상이 무엇이건 간에 이 방법을 통해 대상으로부터 자유로워질 수 있다. 진정으로 사랑 안에서 벗어나고 싶다면 이 방법을 한번 사용해

보자.

◆ 나는 존재의 중심의 무한한 사랑의 힘을 믿는다. 그러므로 먼저 나에게 그 사랑이 흘러넘치도록 허락한다. 그리고 그 사랑을 주변 사람들에게 나누어준다.

◆ "나는 나 자신에게 (　　　　　　) 하도록 허락한다." 이렇게 자주 스스로 말해주고 자신이 원하는 것을 사랑을 위해 해주자.

◆ 나는 공들일 가치가 있다.

◆ 나는 대접받아 마땅하다.

◆ 나는 나를 사랑하기에 그 사랑을 주변 사람들에게 조건 없이 나눈다.

◆ 나는 내가 죄책감 없이 온전하게 느끼도록 허락한다.

21
축복, 축하

◆ 나의 내면의 목표는 기쁨, 조화, 평화, 축복이다.

◆ 삶의 모든 면에서 조화를 이루어가는 중이다.

◆ 타인을 진정으로 축복해줄 때 내면이 평화롭게 된다.

◆ 내 인생에서 유일하게 힘이 있는 사람은 나다. 나는 평화롭고,

  사랑하며, 즐겁고 행복하고 서로를 축복해주고 축하해주는 삶을

  창조한다.

◆ 어떤 것도, 어떤 사람도, 어떤 장소도 나에게 영향력을 미치지

  못한다. 오직, 사랑, 긍정, 감사, 축복, 기쁨, 평화만이 나에게 진

리다.

◆ 마음속에서 생각하는 사람이 바로 나이기에 내 삶을 축복과 축
하로 가꾼다.

◆ 축복은 항상 더 많은 축복을 가져다준다.

◆ 나의 가슴은 언제나 축복으로 열려 있다.

◆ 나는 다른 사람들을 진심으로 축복하고 축하해준다.

◆ 나는 주위에 축복하고 축하해주는 관계만 있다.

◆ 나는 나를 진정으로 사랑해 주고 축복해주는 사람들과 관계를
맺는다.

◆ 나는 사랑으로 만들어졌기에 주변 사람들을 사랑으로 축복한다.

◆ 인생을 사랑하고 축복하고 살고 싶으면 사랑하고 축복하는 생각
을 해야 한다. 성공한 인생을 살고 싶다면 성공하는 생각을 해야
한다. 진심으로 사랑으로 축하하며 긍정적으로 살고 싶으면 사
랑으로 축복하고 긍정적인 생각을 해야 한다.

◆ 우리가 마음속으로 생각하거나 입으로 소리 내어 말하면 그대로
이루어진다.

◆ 나는 우주가 베푸는 풍요로움의 흐름에 동참할 준비가 되어
있다.

◆ 나는 다른 사람의 성공에 기뻐하며 나에게도 그런 성공의 길이
열려 있다는 사실을 확실히 안다.

◆ 나는 끊임없이 부(富)를 받아들이도록 타인의 부(富)와 성공을 진
심으로 축복하고 축하한다. 축복 의식이 확장되면서 나의 수입
이 계속해서 증가하고 있다.

◆ 모든 곳에서, 모든 사람으로부터 나에게로 풍족함이 흘러 들어
온다.

◆ 나의 세상에서는 모든 것이 다 괜찮다.

22
용기

◆ 나는 용기를 내야 할 때 내면의 큰 힘을 발휘한다.

◆ 나는 중심이 잡혀있고 용기가 많다.

◆ 날이 갈수록 안전함을 느낀다.

◆ 나는 다른 사람들을 대할 때마다 용기 있고 편안하게 사랑으로
말한다.

◆ 나는 친구, 가족, 동료들과 멋진 관계를 유지할 용기가 있다. 그
리고 그들에게 감사한다.

◆ 내면을 들여다보는 것은 안전하다. 나는 용기 내어 나 자신의 진

짜 진실과 대면한다.

◆ 사랑은 모든 것을 치유할 수 있으니 나는 용기 내어 나 자신을 사랑하는 것을 평생의 목표로 삼는다.

◆ 나는 두려움이 없다. 나는 용기 있게 나 자신을 있는 그대로 믿는다.

◆ 나는 내 삶이 안전하다는 것을 확실히 믿는다.

◆ 나는 변화에 직면할 때마다 용기 있고 마음을 평안하게 이완시키며 새롭게 앞으로 나아간다.

◆ 나는 내면의 빛으로 내 전체의식을 용감하게 채운다.

◆ 나는 나를 강하게 만드는 두려움을 있는 그대로 용기 있게 받아들인다.

◆ 나는 용감하다.

◆ 나는 두려움을 마주하고 그것들을 편안하게 내보내 준다. 그리고 나는 나를 있는 그대로 사랑하고 받아들이고 인정한다.

◆ 두려움은 오직 생각일 뿐이다.

◆ 용기가 나를 통해 흐른다.

◆ 나는 나를 사랑하고 용기 있게 살기로 선택한다.

◆ 나는 안전하다.

◆ 나의 세상에서는 모든 일이 순조롭게 다 잘 되어가고 있다.

23
꿈, 사명

◆ 나는 독서를 통해서 마음이 어떻게 작동하는지 인식과 이해력을
높인다.

◆ 세상에 배워야 할 지식과 지혜를 통해서 내 사명과 꿈을 알아가
는 것이 즐겁다.

◆ 타인의 생각을 들어보고 함께 이야기를 나누는 공부 모임을 통
해서 꿈에 가까이 다가간다.

◆ 꿈을 찾아 이루면서 더 많이 배우고, 알게 되고, 실천하고, 적용
하는 내가 된다.

◆ 나는 나를 사랑한다. 그러므로 나는 내 꿈을 아주 소중히 여기고 타인의 꿈도 소중히 여긴다.

◆ 지식을 넓혀 꿈을 알게 되고 이 세상에 태어난 나의 사명을 발견하게 된다면 삶에 작은 기적이 일어나는 것을 보게 될 것이다.

◆ 자신이 인생에서 바라는 일이 이루어질 것이다. 상상도 못 했던 좋은 일들이 많이 일어날 것이다.

◆ 정신적 훈련을 하면 날마다 새롭기 때문에 몸과 마음과 영혼이 젊어진다.

◆ 자기 자신과 자신이 하는 일을 사랑하라.

◆ 자신과 인생에 대해서 웃어넘기자. 어떤 것도 나를 해치지 못할 것이다. 모든 것은 일시적일 뿐이다. 다 지나간다. 다음번에는 다른 방법을 시도해서 꿈을 이룬다. 어차피 하게 될 거, 지금 당장 시도하는 것이 어떨까? 남들도 다 했던 과정이면 나도 할 수 있다.

◆ 나의 가슴에는 어마어마한 사랑이 있어서 마음만 먹으면 지구 전체를 치유할 수도 있다. 이 사랑을 내 꿈을 이루고 사명을 다

하는 데 써서 지구의 행복과 평화 사랑을 이루게 한다.

◆ 내 삶의 무한한 가능성 가운데서 모든 것은 완벽하고, 온전하고, 완전하다. 나는 나를 창조한 힘과 함께 있고, 나의 내면은 성공의 요소로 가득하다.

◆ 이제 성공의 법칙이 내면에서부터 흘러나와서 나의 세계로 모습을 드러낸다.

◆ 내가 하게 될 일이 무엇이든 간에 틀림없이 성공한다. 나는 경험을 통해서 내 사명을 다하기 위해 배운다.

◆ 나는 나를 진정으로 사랑해 주는 사람들과 함께 즐겁고 행복하게 내 꿈을 이루기 위한 협력을 한다.

◆ 나는 매일 더 큰 내 사명과 꿈을 이루기 위해 삶을 통해 배우는 중이다.

◆ 내 직업은 내가 나의 재능과 능력을 표현하게 해주고 이 직업에서 기쁨을 느낀다.

◆ 꿈을 이루는데 내 재능은 충분하다.

◆ 스스로 사랑하는 자기 긍정 확언을 쓰고 읽고, 외우고, 소리 내

어 말하면서 꿈을 이루지 못할 것이라는 두려움을 극복하자. 우리 바깥의 외부의 상황은 우리의 꿈을 이루는 데 영향을 끼치지 못한다. 인생에서 일어나는 모든 일의 중심에는 바로 우리 자신이 있다. 내면이 모든 것이다. 내면에서 외면이 나온다. 힘은 우리 안에 있다. 우리의 모든 경험과 관계들이 우리 안에 내재한 정신적 유형이다.

◆ 두려움은 사랑의 반대다. 내 꿈을 이루어 행복하기 위해서는 두려움 대신 사랑을 선택해야 한다. 내가 나를 있는 그대로 믿고 사랑하면 더 좋은 꿈과 사명의 요소를 내 삶에 끌어올 수 있다. 항상 겁먹고, 화내고, 또 걱정하면서 자신을 사랑하지 않는 사람들이 어떻게 인생이 잘 풀리겠는가?

◆ 나 자신을 정말로 사랑하면 내 인생의 꿈들이 전부 좋은 방향으로 풀리고 모든 일이 순탄대로다.

24
믿음

◆ 우리의 신념은 어린 시절 학습된 습관적인 패턴일 뿐이다. 그러

　므로 신념이 나에게 제대로 좋게 작동하지 않으면 바꿀 수 있다.

◆ 자기 자신을 믿고 날마다 좋은 생각을 하기로 결심한다면 삶의

　모든 분야에서 반드시 긍정적인 변화가 있을 것이다.

◆ 자기 자신을 믿고 사랑하면 인생에서 기적이 일어난다.

◆ 아침에 일어나자마자, 또 저녁에 잠들기 전에 거울 속에 있는 자

　신 눈을 보면서 이렇게 믿음을 주는 확언을 하자. "난 널 사랑해.

　정말로 사랑해. 나는 너를 있는 모습 그대로 받아들여. 나는 나

를 믿어. 나는 할 수 있어." 자신에 대한 사랑이 자랄수록 <u>스스로</u> 믿는 능력이 향상된다.

◆ 새로운 믿음으로 변화하겠다고 결심한 순간 변화가 쉬워질 것이다.

◆ 내가 알아야 할 모든 것이 제때, 적절한 곳에, 순서에 맞게 나에게 다가올 것을 알기에, 나는 이 힘과 지혜를 믿는다.

◆ 나의 세상에서는 모든 일이 다 괜찮게 잘 흘러가고 있다.

◆ 우리는 수년간 자신을 비판해 왔지만 아무런 효과가 없었다. 그러니 이제는 자신을 믿고 인정하고 있는 그대로 모든 면을 받아들이고 새롭게 시작하라. 놀라운 일이 벌어질 것이다.

◆ 우리가 하는 생각과 말, 믿음, 신념 등이 우리의 미래를 만든다.

◆ 지혜와 깨달음에 이르는 길은 언제나 활짝 열려 있다고 믿는다.

◆ 우주는 우리의 생각과 믿음을 전적으로 지지한다.

◆ 우리의 잠재의식은 우리가 믿는 바를 따른다. 즉 자기 자신과 인생에 대해 믿는 그대로 이루어진다는 뜻이다. 자기 자신과 인생에 관한 생각과 믿음은 현실이 된다. 그리고 생각은 스스로 결정

할 수 있으며, 무한하다.

◆ "너는 정말 멋져."

◆ "난 너를 사랑해."

◆ 이런 말을 얼마나 자주 자신에게 하는가?

◆ 만약 우리 자신이 무기력한 희생자이고 치유 과정 자체가 가망이 없다고 생각하면, 온 우주가 우리의 생각을 지지하고, 우리는 더 망가져 갈 것이다. 이런 어처구니없고 시대에 뒤떨어진 부정적인 생각과 믿음을 버리는 것이 필수적이다. 이런 생각은 우리에게 전혀 도움이 되지 않는다. 심지어 신에 대한 개념도 우리에게 긍정적이어야지 부정적이어서는 안 된다.

◆ 내가 어떤 것에 대해 믿으면 그것이 사실이 된다. 그러니 기왕이면 자신에 대해서 좋은 쪽으로 작용하는 것만 믿는다.

◆ 인생을 즐기며 살고 싶으면 즐거운 생각을 해야 한다. 성공한 인생을 살고 싶다면 성공하는 생각을 해야 한다. 사랑하며 살고 싶으면 사랑하는 생각을 해야 한다. 우리가 마음속으로 생각하거나 입으로 소리 내어 말하면 그대로 이루어진다.

◆ 머릿속에서 생각할 수 있는 사람은 오직 나뿐이다.

◆ 과거에 우리가 가졌던 생각과 믿음이 여기까지 오게 했다. 지금 내가 믿고 생각하고 말하기로 선택한 것들이 다음 순간과 다음 날과 다음 해를 만든다.

◆ 내가 바로 세상의 힘이다. 내가 선택한 생각대로 이루어진다.

◆ 지금, 이 순간이 새로운 변화의 시작이다. 지금, 이 순간, 바로 여기에서 새로운 시작이 주어졌다. 새로운 믿음으로 새로운 변화를 시작하자.

25
평화

◆ 우리는 모두 지상의 모든 삶과 완전하게 연결되어 있다. 우리 내

면의 힘을 평화롭게 사랑과 감사로 사용하여 의식이 지평을 확

장하자.

◆ 나는 평화로운 존재이기 때문에 우주의 가능성의 총체 속에서

살고 있어, 뭐든지 할 수 있다.

◆ 평화에 존재하면 이 말이 현실이 된다.

◆ "나는 가능성의 총체성에서 살고 있다. 주변에 언제나 좋은 일들

만 가득하다." 조금 좋은 것만이 있는 것이 아니라 좋은 일들만

가득하다. 마음을 평화롭게 하고 모든 것의 가능성을 믿으면 인

생의 모든 해답을 알게 된다. 우리는 평화라는 가능성의 총체성

속에서 살고 있다.

◆ 평화에 이르는 길은 용서다.

◆ 용서하지 못하면 평화로울 수 없다. 용서는 우리의 영적 오류를

바로잡아 주고 원망 대신 이해를 해오며, 증오 대신 공감을 갖게

한다. 문제를 성장의 기회로 생각하자. 우리는 내면의 거대한 힘

을 믿어야 한다. 모든 일이 잘 풀릴 것이고, 모든 일이 우리의 최

상의 선을 위해서 움직이고 있는 것을 믿어야 한다. 문제가 생겼

을 때 가능성을 믿으면 마음이 평화로울 수 있다.

◆ 자신이 반드시 안전하다는 사실을 기억해야 한다. 세상에는 위

험이 아니라 변화가 있을 뿐이다. 변화를 끌어안을 때 마음이 평

온할 수 있다.

◆ 현재의 나의 상태는 평화롭다.

◆ 살아가는 동안에 내가 필요로 하고, 원하는 것이 다 이루어질 것

을 알기에 평안하다.

◆ 나는 평화에 거한다.

◆ 나는 평화롭다.

◆ 나는 사랑과 평화와 기쁨을 안다.

◆ 나는 영원하고 즐겁고 평화롭다.

◆ 나는 마음의 긴장을 풀고 평화로울 것을 허락한다. 명쾌함과 조

　화가 주변에 있고 내 내면에 있다. 모든 것이 다 괜찮다.

◆ 나는 평화롭고, 조화롭고, 만족스럽다.

◆ 나는 평화롭고 즐거운 세상을 만들어 누린다.

◆ 나는 인생의 과정을 신뢰하며 평화로움을 느낀다.

◆ 나는 안전하다.

◆ 나는 내면과 외면이 평화로 둘러싸여 있다.

◆ 나는 평화롭고 차분하며 모든 일을 편안하게 처리한다.

◆ 내 인생은 평화롭다.

◆ 나는 인생의 진행 과정에 있어서 평화롭다.

◆ 나는 사랑으로 하루를 정리하고 평화로운 생각으로 매 순간 삶

　을 즐긴다.

◆ 나는 나 자신을 사랑하고 있는 모습 그대로 받아들인다. 나는 나 자신과 함께 평화롭다. 나는 멋지다.

◆ 내 생각은 평화롭고, 차분하고, 중심이 잡혀있다.

◆ 나는 안전하며, 내가 하는 모든 것에서 평화로운 성취감을 느낀다.

자기 사랑
선언문

◆ 나의 내면 깊숙한 곳에는 마르지 않는 사랑의 우물이 있다.

◆ 이제 이 사랑이 밖으로 넘쳐흐른다.

◆ 사랑이 나의 몸과 마음, 머리와 의식, 나의 존재를 채우고

◆ 밖으로 뻗어나가 더욱더 강력해져서 나에게로 돌아온다.

◆ 사랑을 베풀수록, 더 많은 사랑을 베풀어야 한다.

◆ 사랑은 무한하다.

◆ 사랑을 베풀면 행복해진다.

◆ 내면의 기쁨이 사랑으로 표출된다. 나는 나를 사랑한다.

◆ 그러므로 나는 내 몸을 아끼고 사랑한다.

◆ 사랑으로 영양분을 먹이고 사랑으로 가꾸고 옷을 입힌다, 그리고 몸은 사랑으로, 건강과 활기로 나에게 보답한다.

◆ 나는 나를 사랑한다. 그러므로 나 자신을 위해 편안하고 나의 필요를 채워주며, 즐거운 집을 마련한다.

◆ 집을 찾는 모든 사람이 느낄 수 있게 사랑의 온기로 온 방을 채운다.

◆ 나는 나를 사랑한다. 그러므로 나의 창조적인 재능과 능력을 활용할 수 있는, 내가 즐기는 일을 한다.

◆ 내가 사랑하고 나를 사랑하는 사람과 함께, 그들을 위해 일하면서 충분한 수입도 얻는다.

◆ 나는 나를 사랑한다. 따라서 나는 모든 사람을 사랑으로 대한다.

◆ 내가 다른 사람에게 베풀면 더 많이 나에게 돌아오리라는 것을 알기 때문이다.

◆ 나와 가깝게 지내는 사람은 나를 비춰주는 거울이기에 내 주위에는 사랑을 베풀 줄 아는 사람만 있다.

◆ 나는 나를 사랑한다. 그러므로 나는 과거의 모든 경험을 용서하고 스스로 자유로워진다.

◆ 나는 나를 사랑한다. 그러므로 나는 현재에 충실하고 매 순간 최선을 다하며 나의 장래가 밝고 즐거움이 가득하고 안전하다는 것을 안다.

◆ 나는 우주가 사랑하는 어린아이이고, 우주는 언제나 나를 사랑으로 보살필 것이기 때문이다.

◆ 나의 세상에서는 모든 일이 다 괜찮다.

루이스 헤이 철학의
핵심 25가지
긍정 말투 확언

루이스 헤이의
말씨 공부

초판 1쇄 **인쇄** 2022년 7월 31일

            발행 2022년 8월 8일

지은이   루이스 L.헤이

엮은이   엄남미

디자인   고은아

펴낸곳   케이미라클모닝

등록   제2021-000020 호

주소   서울 동대문구 전농로 16길 51, 102-604

전자우편 kmiraclemorning@naver.com

전화   070-8771-2052

ISBN   979-11-977597-7-2 03330

ⓒ 루이스 헤이, 2022

값 14,000원